感动系列精华版

• 总主编 刘海涛
• 主 编 侯德云

旭日飞扬

感动小学生的100个人物
精华版

九州出版社
JIUZHOUPRESS 全国百佳图书出版单位

图书在版编目（CIP）数据

感动小学生的 100 个人物/侯德云主编. –北京：九州
出版社，2008.1（2021.7 重印）

（"读·品·悟"感动系列：精华版/刘海涛主编）

ISBN 978-7-80195-802-0

Ⅰ.感...　Ⅱ.侯...　Ⅲ.名人—生平事迹—世界—儿童读
物　Ⅳ.K811-49

中国版本图书馆 CIP 数据核字（2008）第 003299 号

旭日飞扬：感动小学生的 100 个人物（精华版）

作　　者	侯德云　主编	
出版发行	九州出版社	
地　　址	北京市西城区阜外大街甲 35 号（100037）	
发行电话	(010)68992190/2/3/5/6	
网　　址	www.jiuzhoupress.com	
电子信箱	jiuzhou@jiuzhoupress.com	
印　　刷	北京一鑫印务有限责任公司	
开　　本	720 毫米 × 1000 毫米　16 开	
印　　张	14.75	
字　　数	128 千字	
版　　次	2008 年 1 月第 1 版	
印　　次	2021 年 7 月第 8 次印刷	
书　　号	ISBN 978-7-80195-802-0	
定　　价	49.90 元	

目录

第一辑　做唯一的自己

　　从有记忆开始，我们就会知道，我们有家人，有亲戚，有邻居，有同学，有老师……是的，我们会渐渐明白，我们从来不是只有自己，我们拥有许多，但也属于许多。

　　我们是父母的孩子、老师的学生。但是，我们和所有人都不一样，我们诞生在这个世界，就是一个我们做自己而不是别人的机会。我们的努力、我们的拼搏、我们的困难，都是让我们能与众不同体现出自己的经过。无论付出多少，收获大小，都是自己的。因为我们是唯一。

最好的伯乐是自己 ················· 陆勇强/003

你努力了吗 ····················· 佚　名/005

做不可多得的人 ·················· 魏　鹏/007

笨鸟"慢飞" ····················· 陈　屹/010

做大自己的心劲 ·················· 游宇明/012

把自己推向前方 ·················· 李　明/015

武侠小说大宗师——金庸 ·········· 倪　匡/017

做唯一的自己 ·················· 张磊磊/020

王选的选择 ····················· 王宏甲/023

旭日飞扬·精华版

第二辑 举起理想的杠铃

　　你有没有负重过？相信答案一定会是笑容。是的，无论是在学校、家庭，还是我们每个人的内心，谁不负重呢？成绩、名次、比赛、理想，它们个个都如一个杠铃，有时压在我们的手上，有时担在我们的肩膀上，有时悬在我们的心头。

　　你是一个科学家？那承担起国家交给你的科研重任吧；你是一个运动员？那承受住每一个赛场山呼海啸般的期待吧；你只是一个学生？那举起你的理想吧。即使只有一只翅膀，我们也要学会在空中划出自己的痕迹……

清华"永远的校长" …………………………………… 徐百柯/029

李四光的故事 …………………………………………… 许珍珍/032

伟大的人民教育家——陶行知 ……………………… 草　原/034

屋顶上的月光 …………………………………………… 陈　敏/037

齐白石传略 ……………………………………………… 招秋艳/040

永远九十九分 …………………………………………… 黄　涛/043

"两弹"是他的勋章 …………………………………… 徐　焰/045

张大千的做人之道 …………………………………… 韩　冬/048

目录

第三辑　追逐阳光的味道

　　小鸟追逐天空的湛蓝,小树向往高处的灿烂,小草期待大地的绿荫,小河憧憬大海的宽阔……每一个我们所能看到的事物,几乎都无一例外地向上、向上。

　　车轮追逐前方,船舶追赶波浪,我们呢?我们正在一步一步地走向苗壮。也许理想看起来有些远大,也许道路走起来觉得漫长,可最最重要的是我们所朝的方向。如果是向着阳光的,阴影就会被抛在后面,风儿会被撞向两旁。我们的步伐,要坚定地向着正确的前方。

埃菲尔:不仅仅只有铁塔 ………………………………… 马小强/055
诺贝尔的艰难探索路 …………………………………… 伍小静/059
实验室外的居里夫人 …………………………………… 佚　名/062
贝多芬 …………………………………………………… 梁锦华/064
上帝只给他一只老鼠 …………………………………… 汤潜夫/067
认真地生活和写作 ……………………………………… 佚　名/070
与黑暗世界的抗争 ……………………………………… 宋　华/074
西出无望"东方"红 …………………………………… 蒋二彪/076

旭日飞扬·精华版

第四辑　爱让世界如此美丽

　　我们爱自己的兴趣,我们爱喜欢的朋友,我们爱无私的家人,我们爱伟大的祖国。我们还会爱知识,爱成功,爱爱人,爱一切值得我们爱需要我们爱的所有。

　　如果想让世界充盈而温暖,如果想让世界碧绿而苗壮,如果想让世界滋润而鲜活,光有阳光、空气和水是不够的,还需要我们的爱。而正是我们的爱,把无限的辽阔和虚无的空间,填充得满满当当、温馨美丽……

老舍的真诚与爱心 …………………………………… 舒　乙/081

把光明、知识和爱献给他人的人 ………………………… 佚　名/085

把学校背上山的校长 ………………………… 侯黎风　梅伯青/088

他让我们闻到太阳的味道 …………………………… 李湘荃/093

做一辈子志愿者 …………………………………… 飘　飘/099

善良让她如此美丽 ………………………………… 韩春丽/103

面对自己的灵魂 …………………………………… 冯　玥/107

目录

第五辑 成功属于勇敢的人

从来没听过一个人说,我要失败!有的话只能是笑话;更没见一个人坚决地要奔向失败,如果存在可能是科学家的实验。我们所努力和刻苦的目标,从来都是成功,否则,我们的付出是为了什么呢?

成功者成功的过程和结果,肯定有与众不同之处。而与别人不一样的,那就可能是成功的方法或者是诀窍。如果说读人如读书,那么让我们记住通往成功的技巧:灵敏、勇敢、坚强、守信、锐气、虚怀若谷、创新……

抓住生命中刹那一闪的灵光 ·················· 蒋二彪/117

冒险家哥伦布 ································ 宫 方/120

一代硬汉——海明威 ···················· 宋 毅 田 杰/123

恪守尊严 ································· 李艳青/126

勇气 ···································· 佚 名/129

李想:财富英雄出少年 ····················· 阿 宁/131

不耻下问的梅兰芳 ························· 黄树芬/136

别人嚼过的馍不香 ························· 佚 名/139

第六辑　人生有梦就有笑

　　如果我们细心观察成功者胜利的轨迹,会很轻易地发现,成功者们几乎毫无例外地拥有最最坚强的信念。是的,我们能清晰地感受到成功者儿时的梦想、少年的向往、青年的努力、鲜花和闪光灯簇拥着成功的到来。

　　成功者甚至可以改变历史,他们的力量让我们佩服并景仰。可是如果我们顺着绚烂辉煌的现在探询到信念的最初,成功的昨天,很可能就是一个梦想,不同的是,梦醒的时候有人是叹息着放弃的,有人是笑着去追逐的。那我们呢?

阳光女孩桑兰:人生有梦就有笑 …………………………… 苏　容/143

我为什么是最出色的球员 ………………… [美]迈克尔·乔丹/148

美丽笑容背后的郭晶晶 …………………………… 袁　艺/152

从乒乓女皇到剑桥博士——邓亚萍 …………………… 陈　畅/156

梦想的高度 ………………………… [美]丹尼斯·怀特雷/158

改写历史的人 …………………………………… 张里权/160

从咖啡馆跑堂到奥运会冠军 …………………………… 李俊杰/162

目录

第七辑　让生命化蛹成蝶

　　知道一只蝴蝶的生命经历吗？从卵到幼虫，从幼虫到蛹，破蛹裂变，终于脱离躯壳，用最美丽的姿态飞翔在花朵间。知道我们的成人经历吗？从胚胎发育成形，到五官和四肢的长成，从母亲的十月苦候，到我们的呱呱坠地，蹒跚学步，咿呀学语，识文断字，犯错改错……至于我们能不能如蝴蝶一般美丽飞翔，更需一生的历练。

　　无论我们所处的位置高低，只要力所能及地展开翅膀，即使不能在高空奋进，也能在内心翱翔，像蝴蝶一样。

妈妈，我找了你好久 ………………………………… 金铃子/167

八岁女孩的墓志铭：我来过，我很乖 ……………… 姜　锋/171

让生命化蛹成蝶 …………………………………… 明飞龙/176

没被改写的人生 …………………………………… 姜钦峰/178

生命的低谷中演绎神话 …………………………… 蒋二彪/181

感谢苦难 ……………………………… 张云飞　孙　梅/183

感恩 ………………………………………………… 彭　榜/185

你敢想吗 …………………………………………… 于玲玲/187

张立勇：清华食堂的高才生 ……………… 刘新平　马樱健/189

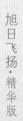

旭日飞扬·精华版

第八辑　从丑小鸭到白天鹅

　　如果我们想万众瞩目，就得忍受苦难和挫折的纠缠。这可能就是台上一分钟，台下十年功。丑小鸭成为白天鹅之前围绕着它的从来都是不屑和白眼。它之所以成了白天鹅，艰难和曲折自然是一种折磨，不如此，它的未来只能是一个梦。

　　我们看到身边很多成功者耀眼的光芒，却看不到他们背后的艰险。从儿童到少年，从少年到今天，他们一路艰辛连接而成。而我们要学的，就是他们拥有的共同点：从不妥协，永不放弃。

喜剧之王——卓别林 ………………………………… 杨　子/197

用一生来体验失败的总统 …………………………… 白小冰/200

从乡间少年到飞天英雄 ……………………………… 格　林/202

从丑小鸭到白天鹅 …………………………………… 阿　兰/207

茶楼伙计李嘉诚 ……………………………………… 荜文军/211

"小罗"今天成大器 …………………………………… 华心怡/214

姚明忆童年 …………………………………………… 佚　名/218

第一辑　做唯一的自己

　　从有记忆开始，我们就会知道，我们有家人，有亲戚，有邻居，有同学，有老师……是的，我们会渐渐明白，我们从来不是只有自己，我们拥有许多，但也属于许多。

　　我们是父母的孩子、老师的学生。但是，我们和所有人都不一样，我们诞生在这个世界，就是一个我们做自己而不是别人的机会。我们的努力、我们的拼搏、我们的困难，都是让我们能与众不同体现出自己的经过。无论付出多少，收获大小，都是自己的。因为我们是唯一。

你是草
即使小小一片
也是大地晶莹闪亮的鱼翅
也是大地灵秀剔透的耳翼
只要你心存幻想
便会撑起春柔软的腰

最好的伯乐是自己

每一个人的生命都潜藏着许多自己也不知道的能量,如果不去尝试,这些能量永远也没有机会大放异彩。

意大利画家达·芬奇做学徒的时候,才华深藏未露。当时,他的老师是个很有名望的画家,年老多病,作画时常感到力不从心。

一天,他要达·芬奇替他画一幅未完的作品,年轻的达·芬奇只是一个学徒,他十分崇敬老师的为人和作品,但他根本不敢接受老师的任务。他缺乏自信,更害怕把老师的作品毁了。可是,这位老画家不管达·芬奇怎么说,一定要让他画。

最后,达·芬奇战战兢兢地拿起了画笔,很快,他进入了人画两忘的境界,内心的艺术感受喷薄而出。画完成后,老画家来画室评鉴他的画,当他看到达·芬奇的作品时,惊讶得说不出话来。他把年轻的达·芬奇抱住:"有了你,我从此不用作画了。"

从此以后,达·芬奇找回了自信,他的才情得到最大限度地发挥,终成一代大师。

达·芬奇的故事告诉我们,人有时候并不了解自己。在一项充满挑战的工作面前,大多数人会觉得自己不配,没有本事,没有能力去完成,这样我们就会永远活在自己设置的阴影里。其实,尝试可以使我们发现自己生命中优秀的潜能。

每一个人的生命都潜藏着许多自己也不知道的能量，如果不去尝试，这些能量永远也没有机会大放异彩。只要我们勇敢地向前走一步，那些像火山一样炙热的才情也许会喷薄而出。世上许多美好的东西最初只是一次不经意的尝试。

所有失败都陷于半途而废的泥潭，而所有成功的人几乎都从倦怠的泥潭中突围出来。世上没有等来的伯乐，最好的伯乐往往是你自己。

文/陆勇强

发现自我，赏识自我

一个让达·芬奇原本"不敢接"的绘画任务，给了他发现自我、赏识自我的机会，帮助他从不自信的阴影中走出来，获得了"第一次"成功，并最终成长为一名出色的艺术家。达·芬奇能在挑战面前找到自信，正确认识自我，为自己的人生打开一扇成功之门，他无疑就是自己最好的"伯乐"。

每一个人都渴望成功，渴望能获得通向成功的机会，但并不是所有的人都能幸运地遇上"灰姑娘"的神话，"世上没有等来的伯乐，最好的伯乐往往是你自己"。在机会的面前，如果不能正确认识自己、赏识自己，欠缺赢取机会的勇气，成功就会渐行渐远。

其实，每一个人都是优秀的，每一个人都是"千里马"——你是这方面的"千里马"，他可能是另一方面的"千里马"。

不要苦苦地等别人来发现你，没有"伯乐"，你就是你自己的"伯乐"。做自己的"伯乐"，发现自己、肯定自己、挖掘自己，幸福和成功，一定是属于你的！

赏析/王 嘉

你努力了吗

命运全在搏击，奋斗就是希望。失败只有
一种，那就是放弃努力。

　　一九二七年，美国阿肯色州的密西西比河大堤被洪水冲垮，一个九岁的黑人小男孩的家被冲毁，在洪水即将吞噬他的一刹那，母亲用力把他拉上了堤坡。

　　一九三二年，男孩八年级毕业了，因为阿肯色的中学不招收黑人，他只能到芝加哥读中学，家里没有那么多钱。那时，母亲做出了一个惊人的决定——让小男孩复读一年。她则为整整五十名工人洗衣、熨衣和做饭，为孩子攒钱上学。

　　一九三三年夏天，家里凑足了那笔血汗钱，母亲带着男孩踏上火车，奔向陌生的芝加哥。在芝加哥，母亲靠当佣人谋生。男孩以优异的成绩中学毕业。后来又顺利地读完大学。一九四二年，他开始创办一份杂志，但最后一道障碍，是缺少五百美元的邮费，不能给订户发函。一家信贷公司愿借贷，但有个条件，得有一笔财产作抵押。母亲曾分期付款好长时间买了一批新家具，这是她一生最心爱的东西。但她最后还是同意将家具作了抵押。

　　一九四三年，那份杂志获得巨大成功。男孩终于能做自己梦想多年的事：将母亲列入他的工资花名册，并告诉她算是退休工人，再不用工作了。那天，母亲哭了，那个男孩也哭了。

后来，在一段反常的日子里，男孩经营的一切仿佛都坠入谷底，面对巨大的困难和障碍，男孩已回天无力。他心情忧郁地告诉母亲："妈妈，看来这次我真要失败了。"

"儿子，"她说，"你努力试过了吗？"

"试过。"

"非常努力吗？"

"是的。"

"很好。"母亲果断地结束了谈话，"无论何时，只要你努力尝试，就不会失败。"

果然，男孩渡过了难关，攀上了事业新的高峰。这个男孩就是驰名世界的美国《黑人文摘》杂志创始人、约翰森出版公司总裁、拥有三家电台的约翰·H·约翰森。

约翰森的经历向我们昭示：命运全在搏击，奋斗就是希望。失败只有一种，那就是放弃努力。

文/佚 名

尝 试

一个平民家庭出身的黑人小男孩——约翰·H·约翰森，在那个尚笼罩在种族歧视中的美国社会，竟能白手起家，成功创业，实现其人生从平凡到不平凡的飞跃。在许多人看来，这又是一个典型的传奇人生。然而，传奇的出现并不是偶然的，更不是侥幸的。约翰·H·约翰森的成功缘于他母亲一直以来的支持与鼓励，缘于他勇于尝试、敢于拼搏的精神。

从在汹涌的洪流中把孩子拉上堤坡，到做出让约翰森复读一年的决定，再到鼓励约翰森在困境中崛起，约翰森的母亲始终以勇者的姿态与曲折的命运作斗争。"无论何时，只要你努力尝试，就不会失败。"这是母亲给约翰森的鼓励，更是母子俩取得一生成就的根本原因。

也许,我们的人生旅途上也会沼泽遍布,荆棘丛生;也许我们追求的风景也总是山重水复,不见柳暗花明;也许我们前行的步履总是沉重蹒跚;也许我们要在黑暗中摸索很长的时间才能寻找到光明……那么,我们为什么不能像约翰森母子一样,用勇者的气魄,坚定而自信地给自己一个奋斗与尝试的机会?紧握住这个机会,我们就有理由相信,成功就在不远的彼岸向我们招手!

赏析/王　嘉

做不可多得的人

用粉笔画一条线,一美元;知道把线画在电机的哪个部位,要九千九百九十九美元。

在一个单位工作,弄不好就有可能使自己成为一个多余的人。如果成了多余的人,那就离下岗失业不远了。因此,我们无论在何单位,做何工作,都要努力使自己成为一个不可多得的人。

在上个世纪二三十年代,斯泰因梅茨因发明了交流电,与大发明家爱迪生齐名。但他移居美国的时候,身高只有一点五米多一点儿,驼着背,头显得特别大,不时地咳嗽,年龄又偏大。这样的模样,就是在当今的人才市场上怕也很难找到工作。他当年以电器工程师求职的时候,就处处碰壁,没人愿意雇用他。最后,他抱着一线希望,向工厂主依克梅尔出示了一封朋友的推荐信。依克梅尔不看僧面看佛面,就给了他工作。虽说那时厂子并不很景气,但多个人倒也没什么,这时间斯泰因梅茨很愿意解决这个问题。他与爱迪生不同,他不去设计制造模型,而只是用纸和笔。他整天翻阅各种资料,然后运算和思索,纸上密密麻麻地写满了各种数据。一年以后,他终于研究出了解决问题的办法和各种所需的数据。工人们用他的成果,果然制造出了不过热的电动机,一时间使依克梅尔工厂的电机销量大增。斯泰因梅茨也一举成名。

美国总电器工程公司主动派人来"挖"他,并指示可以不惜任何代价。斯泰因梅茨却不答应,他说:"依克梅尔先生不愿意我离开,你们即使给我十倍的报酬我也不会动心,我有义务在依克梅尔先生还需要的时候,留在这里。"总电老板闻言,便立即拍板:索性出高价买下依克梅尔工厂,因为这是得到斯泰因梅茨的唯一方法。

一九二三年,福特公司最大的一台电机发生了故障,公司所有的工程师会诊了两个多月都没能找到毛病,最后,公司找来了斯泰因梅茨。只见他在电机旁搭了帐篷安营扎寨,然后整整检查了两昼夜。他仔细听着电机发出的声音,反复进行各种计算,又登上梯子上上下下测量了一番,最后,他用粉笔在这台电机上画了一条线作为记号。斯泰因梅茨对福特公司的经理说:"打开电机,把我做记号处的线圈减少二十圈,电机就可正常转动了。"工程师们将信将疑地照办了,结果,电机修好了。事后,斯泰因梅茨向福特公司要价一万美元作为报酬。福特的工程师大哗,说画一条线就要这么多钱,这价也要得太高了。斯泰因梅茨不动声色地在付款单上写道:"用粉笔画一条线,一美元;知道把线画在电机的哪个部位,要九千九百九十九美元。"

就这样,斯泰因梅茨通过不断的努力,终于由一个多余的人变成一个不可多得的人,不仅成为本单位不可多得的人,也成为全世界不可多得的人。至于他不为十倍的报酬而动心,让人们想到的是他高尚的人格和境界,而他在付款单上的签字,又让人们想起王安石的诗句:"看似寻常最奇崛,成如容易却艰辛。"

文/魏 鹏

让自己成为不可多得的人

人有名人和凡人之分。实际上,大多数的人想成名,因为很多人不甘平凡,想得到社会对自己的认可,进而提升自己的社会地位。这是积极向上的人生态度,我们应该提倡。但现实情况常常事与愿违,我们首先得到的往往是别人对自己的否定。这个时候,很多人犹豫了,沮丧了,然后放弃了。

既然我们已经开始了计划,就不应该轻易放弃。生活从不同情弱者,因此,在得到别人的肯定前,先得学会自己肯定自己。如果你自信,你肯定自己的能力,那你就有勇气去面对别人对你的偏见和蔑视。

"天生我材必有用"。没有谁会比你自己更了解你自己,是金子总会发光的。世上没有谁可以随随便便成功,只要你有真才实干,时机一到便可得到世人的认可。

我们要有不达目的绝不放弃的勇气和精神,因为一个最失败的人不是因为他一次又一次的失败,而是因为他早早地把自己归入到了失败者的行列中。坚强者总能坚持到胜利的时刻。

赏析/李次欢

笨鸟"慢飞"

一定要做最适合自己的事情，不要迎合
别人的口味去做一件不属于自己，但是又要
付出一生代价的"难事"。

许久以前，我无意中读到一位自称为"笨"的美国人讲述自己成长的故事。多少年过去了，那篇文章早已不知去处，但是他所创造的奇迹却让我难以忘记，在此把它写下，希望与读者分享其中的感悟。

从小到大，比特做什么都比别的小孩慢半拍，同学讥笑他笨，老师说他不努力，无论他怎么试图去做好、去改变自己，但是，他却从来也做不好。直到比特上了九年级后，才被医生诊断出患有动作障碍症。高中毕业时，比特申请了十所学校中最最一般的学校，心想怎么也会有一所学校录取他。可直到最后，他连一份通知书也没有收到。后来，比特看了一份广告，上面写着："只要交来两百五十美元，保证可以被一所大学录取。"结果他付了两百五十美元，有一所大学真的给他寄来了录取通知书。看到这所大学的名字，比特即刻想到了几年前，一份报纸上写着有关这个大学的文章："这是一所没有不及格的学校，只要学生的爸爸有钱，没有不被录取的。"当时比特只有一个信念："我要用未来去证实这个错误的说法。"在这个大学上了一年后，比特就转到另一所大学，大学毕业后，他进入了房地产行业。二十二岁时，他开了一家属于自己的房地产公司。从此，在美国的四个州，他建造了近一万座公寓，拥有九百家连锁店，资产达数亿美元。后来，比特又进入到银行业，做起了总裁。

一位"笨"孩子，他是怎么走向成功的呢？下面三点就是比特自己讲述的：

第一，每个人都有自己最强的一项，有人会写，有人会算，对有些人难的，对另一些人简直容易得如"小菜一碟"。我想强调的是：一定要做最适合自己的事情，不要迎合别人的口味去做一件不属于自己，但是又要付出一生代价的"难事"。

第二，我非常幸运自己有如此谅解我、对我容忍又耐心的父母，如果有一个考题，别人只花十五分钟，而我必须用两个小时完成的时候，我的父母从来不会因此而打击我。对于我的父母来说，只要自己的儿子尽力而为了，就是他们的目的。

第三，我从不跟自己的同班同学竞争，如果我的同学又高又大，跑得很快，而我又小又矮，为什么一定要跟他们比呢？知道自己在哪里可以停止，这非常重要。我也曾经问过自己千百次，为什么别人可以学习得轻松？为什么我永远回答不了问题？为什么我总要不及格？当我知道自己的病症以后，我得到了专业人士的关爱和解释。理解自己和理解周围，非常重要。

文/陈　屹

量力而为，且尽力而为

我们不是超人，也没有童话中的魔术棒，所以我们不能苛刻自己什么都能做到，什么都能做好。选择自己力所能及的事情来完成，并不代表我们没有勇气去接受高难度的挑战。把全部心思专注于力所能及的事情上，尽自己最大的能力把它完成好，是提升自我能力的一种有效方法，也是脚踏实地、不好高骛远的表现。当你把事情完成得越来越漂亮，能力自然就有了一定的提高，这样你"力所能及"的范围不就扩大了吗？

你们有没有发现,如果自己把事情完成得很好,会充满了自信心和自豪感,但如果硬是要逼自己做一些难以做得来的事情,又没有做好,自己便顿时充满了挫败感。与其花大量时间去做一些超出你能力范围的事情而使你丧失了信心,倒不如量力而为,专注于一些属于你的事情,建立自己的信心。量力而为,并尽力而为,便会赢!

赏析/余　佳

做大自己的心劲

永远不满足于已有的高度,每天都以扎实的工作对自己的生命加以重塑,这是天下所有成功者的万能钥匙。

因为成绩极差和家境贫寒,他只读了小学六年级,就去一个建筑工地做小工,当时只有十三岁。他不甘心在充满危险的建筑工地呆一辈子,决定以玩魔术为职业。历尽艰辛,他终于在二十六岁那年荣获世界魔术比赛亚军,从此成为具有国际影响的魔术大师。他叫翁达智,广东新会人。

翁达智读小学一年级的时候就开始对魔术感兴趣,小小年纪就学会了一些魔术的玩法。一九八九年,十六岁的他做出一个惊人的决定:去美国观摩魔术大会。他把自己三年来所赚的钱全部拿了出来,还找工友借了一部分,这个举动惹怒了家里所有的人,父母气得几乎不认他这个儿子。不顾家里人的反对,翁达智去了美国。当时,他是以魔术师身份办的签证,来到会场,却被告知必须通过考核才能参加。当着许多魔术师的面,翁达智表演了一个"空钩钓鱼"。他拿着一根渔竿,一甩杆子,刚才还空着的渔竿忽然钓上了一条金鱼。美国魔术协会主席上台拥抱他说:"你这个魔术不但完全能过关,而且还有参加比赛的资格。"从美国回来,翁达智全身心投入到自己的魔术事业中,他的"吉尼斯人体切割"更是奇妙。一天,新会市一家著名百货公司派人请翁达智去给分店的开张表演。公司请了许多人,有政府官员、歌星、相声大师、报社记者……当他和请来的一个助手上台时,台下议论纷纷:一个十几岁的孩子能玩出什么花样?翁达智倒是沉得住气。他用刀割破助手的喉咙,又把他的身体分为三段,接着他给助手盖上一块绸,他表示痛惜了好一会儿,才慢慢掀开绸布,奇怪的是,助手身上的血没有了,身体恢复了原样,眼睛开始转动,跟着站了起来(此为专业魔术师表演,读者切勿模仿——作者注)……顿时掌声雷动,翁达智的名字不胫而走。他的事业一步一个台阶:省电视台录播他的节目,他在广州开魔术道具店,去世界各地表演。

翁达智的成功让人思考。我从来不小看工人,特别是对知识型、专业型的工人更是充满敬重,实事求是地说,一个建筑小工与一个国际魔术大师无论是事业的成就、赚钱的能力、社会声望都是无法相比的。那么,建筑小工四个字后面加了什么,才变成了国际魔术大师?

我们可以认为是翁达智对事业的热爱,从七八岁开始,他就开始了自己的魔术人生,二十多年痴心不改;我们可以理解为他的冒险精神,看准了的路就要走下去,不管付出多大的代价;但我觉得最主要的还在于他拥有一种做大自己的心劲,正是这种心劲支撑着他一步步走向远方。

一个人是否拥有做大自己的心劲非常重要。人与人的资质、能力、大的环境并没有太大的区别,成功者与失败者真正的差异在于:前者把世界看成是可变的、能够被人力改变的,后者认为周围的一切是静止的,个人无能为力。

永远不满足于已有的高度,每天都以扎实的工作对自己的生命加以重塑,这是翁达智由建筑小工变成国际魔术大师的秘密所在,也是天下所有成功者的万能钥匙。

文/游宇明

做事要有干劲

因为不满足,翁达智由一个工地小工变成了魔术大师;因为有干劲,他从建筑工地走向了世界的魔术舞台。他的成功,说明了一个人的干劲是多么的重要。

人的一生,做什么事情都要好好衡量。不要被一些小小的喜悦冲昏了头脑,不要让一些小小的成绩缚住了手脚。本来,自己很喜欢吃冰淇淋的,但当自己得到饼干的时候,就开心到忘记了自己的爱好,忘记了自己的前景,忘记自己还要继续赶路。这样,怎么能实现自己的愿望呢?翁达智顶着巨大的压力,坚定信心,鼓起勇气,鼓足干劲,拿出三年的积蓄,远渡美国,只为自己年少时的喜好和兴趣。就是这份执著,这种劲头,把他推向了世界。所以,对自己的优势,我们不要轻易放弃,要加把劲,让自己的优势得到别人的肯定,继而转化为成功的果实。

在追求梦想的过程中,我们要明确自己真正感兴趣的是什么,再鼓足干劲,沿着兴趣的足迹,向着成功的彼岸奋进。

赏析/李林荣

把自己推向前方

只要我们肯摆脱思想上的包袱，敢于冒险，敢于尝试，把自己推到别人前面去，我们就会被别人发现和认可。

虽然她的父母都是贵族，并有着显赫的地位，但因为她从小身材矮小，相貌丑陋，不仅同龄的男孩子不愿和她玩耍，就连女孩子也常常向她吐舌头。她唯一的一位朋友怕她承受不住打击曾劝她休学，从此不要出门，反正家里要啥有啥，有花不完的钱，但她却对朋友的劝告报之一笑。反而学校有什么活动她都积极踊跃参加，同学有什么聚会即便是不邀请，她也会主动前去庆贺。虽然在体检上不达标，但因为那次募捐演讲她第一个勇敢地走上台前，学校破例把去国外著名大学深造的机会留给了她。

毕业后，获得经济学博士学位的她，因着家族的威望和自己不懈的努力，年纪轻轻的就顺利当上了某政府部门的高级职员。每逢部门开会，同事们往往怕得罪人都很少发言，而她却每次都第一个站起身来对部门的一些弊病进行严厉的批评。

散会后，不少同僚都来劝她说："你的前途很令人担忧。以你的条件，能在这样好的部门工作已经是奇迹了，老老实实地把本职工作干好，别只顾着出风头，少惹些是非才对啊！"

对于同僚的这些劝告，她并没有放在心上，仍然坚持自己的原则和一贯的为人处世作风，用自己三分之二的精力来做事，另外的三分

之一则用来冒险。

后来,这位出生于菲律宾邦阿西楠省身高仅一米五的丑姑娘,凭借着自己果敢的勇气和冒险精神,因在国家非常时期对政治经济大胆提出一揽子改革建议,成为菲律宾人民拥护的新经济模式改革的带头人。她就是菲律宾的"铁娘子",现任总统阿罗约。

曾有一家外国媒体在菲律宾做过这样的一个民意调查,询问为什么喜欢选阿罗约做总统？有一个理由是大家公认的:她有勇气、有胆量,有不怕牺牲、不畏艰险的冒险精神!

是的,人要想成功就要尽量把自己的生命推向前头拿去冒险和拼搏,而绝不能把自己包裹、收藏起来或是自恃自己的才能而坐等伯乐的赏识。即便是我们处在劣势,只要我们肯摆脱思想上的包袱,敢于冒险,敢于尝试,把自己推到别人前面去,我们才会被别人发现和认可。

文/李 明

成功的敲门砖

每个人都渴望成功,渴望理想实现,但并不是所有的人都能开启成功的大门。菲律宾总统阿罗约的故事告诉我们:足够的勇气以及敢于冒险、敢于尝试的精神就是成功的敲门砖。

一个从小身材矮小、相貌丑陋、备受歧视的女孩竟能成长为一个叱咤国际政坛的国家元首,这在许多人的眼中或许是天方夜谭一般的故事。然而,阿罗约却用自己的真实经历写就了这一个人生的"传奇"。阿罗约从小便具备成功者必须具备的素质,面对同学的嘲笑与孤立,她不仅能坦然面对,还能勇敢地向这些对她带有"敌意"的人敞开心扉。而当她步入职业生涯,这种胸怀及勇敢的精神则令她无所畏惧,所向披靡。

正所谓"不入虎穴,焉得虎子",阿罗约从不人云亦云,敢于直面人生的胆识为她带来了成功。人生的成功需要胆识,需要足够的冒险精神。朋友,当你遇到困难时,不要犹豫,也不要退缩，尝试着向前走，不被艰难和黑暗吓倒，你就会发现，成功的曙光终会照亮生命。

赏析／王　嘉

武侠小说大宗师——金庸

一个人能成功，绝非幸事，天分固然重要，苦学更不可或缺。金庸就是金庸，是天皇巨星，是真正的作家，也是一个成功的企业家。

旭日飞扬·精华版

曾向一位洋人介绍金庸，说："这是一位名作家。"洋人追根究底，问："有名到何等程度？"进一步介绍："凡是有中国人的地方，就有人知道他的名字。"金庸的小说，不但风靡了港、台、南洋、欧美，不知使得多少人废寝忘食，就连中国内地的高级干部，也都以能看到金庸小说为幸，这种情形，一直到今天不变。金庸的小说，能吸引每一个人，上至大学教授、国家元首，下至贩夫走卒、仆役小厮，真正做到了雅俗共赏的地步，堪称是中国现代拥有读者最多的一位小说家。

这位大小说家，究竟是怎样的一个人呢？

金庸，姓查，名良镛，浙江省海宁县人。金庸的家世显赫，但是他的成功，却和"祖荫"全然无关，全是靠他本身的才能、学识、苦学、勤奋所得的结果，完全是赤手空拳打出来的天下。其实可以写一本传记，记金庸作为成功人物的一种典型。

金庸的少年时期，在家乡附近就读，中学是著名的杭州高中学校，"杭高"是中国有数的好中学之一。中学毕业之后，适逢乱世，是日寇侵华的年代，金庸就在这时候离开了家乡，远走他方。据他自己的忆述，在离开了自己家乡之后，曾在湖南省西部住过一个时期，寄居在一个有钱同学的家中，这一段青年时期的生活，当然相当清苦。再以后，金庸进入国立政治大学就读，读的是外文系。金庸在政治大学并未毕业，原因不明，可能是那时他虽然年轻，但已才气纵横，觉得传统的大学教育不能满足他的需求之故。使得金庸和报业发生关系的是当年《大公报》招考记者。当年，《大公报》是中国最有地位的一份报纸，影响深远，《大公报》在全中国范围内招聘记者两名，应征者超过三千人，在这三千人之中，金庸已显出他卓越的才华，获得《大公报》录取。

自此，金庸就进入了报界。而在不久之后，便被派去香港。金庸在香港的《大公报》工作了相当久，担任的是翻译工作。在这个时期内，金庸对电影工作有了兴趣。这种兴趣的由来，大抵是由于他在报上撰写影评之故。金庸曾用一个相当女性化的笔名写过影评，也用"林欢"的笔名写过影评。他所写的影评，只怕已全散失不可追寻了，但曾读过的人，都说文笔委婉，见解清醒，是一时之选。以后，金庸直接参加了电影工作，做过导演。

金庸参加电影工作的时间并不长，其成就和他写作方面的成就比起来，也相去太远。时至今日，已经很少有人知道他曾参加过电影工作，当过编导了。

金庸的小说创作生涯，可以说开始得相当迟，但是一开始，就石破天惊，震烁文坛。他第一部武侠小说《书剑恩仇录》才发表到一半，武侠小说读者，已经惊为天人。再接下来的《碧血剑》、《雪山飞狐》，更是声名大振，人手一册。等到《射雕英雄传》一发表，更是惊天动地，在一九五七年，若是看小说的人不看《射雕英雄传》，简直是笑话。

《射雕英雄传》奠定了金庸武侠小说大宗师的地位，人人公认，风靡了无数读者。在《射雕英雄传》之后，金庸就脱离了《大公报》，和他中学时期的同学沈宝新先生合创《明报》。《明报》在香港，销数不是第一，但是在知识分子的心目之中，它是第一大报，在国际地位上，是第一大报。连美国国务院都会三番五次请主持人金庸去商议国家大事。

《明报》草创之初，金庸在《明报》上撰写《神雕侠侣》，接下来，大部分小说，也全在《明报》上发表，一直到《鹿鼎记》。在《鹿鼎记》之后，就未曾再撰写小说，而专注于《明报》的社评。《明报》社评，绝大多数(百分之九十九)由金庸亲自执笔，见解之精辟，文字之生动，深入浅出，坚守原则，人人称颂。就算和他意见完全相反的人，也不能不佩服他的社评写得好，这是金庸在写小说才能之外的另一种才华的表现。

由金庸执笔的《明报》社评，其影响已可与当年的《大公报》相媲美。由于坚持民主、自由的思想原则，金庸曾和《大公报》发生过一次极为剧烈的笔战。这次笔战，金庸所写的几篇文字之精彩，真令人叹为观止，只可惜这些文字，竟未曾结集出书。

以上所写的，是金庸在事业上的成就的简单素描。

金庸的苦学精神，更令人叹服。当初，他自己觉得英文程度不够好，就进修英文，家里有一个一人高的铁柜，抽屉拉开来，全是一张一张的小卡片，上面写满了英文的单句、短句，每天限定自己记忆多少字。据沈宝新先生说，金庸在年轻时，每天限定自己要读若干小时的书，绝不松懈。一个人能成功，绝非幸事，天分固然重要，苦学更不可或缺。

金庸……毕竟不是写传，只是简笔素描，金庸是怎样的？金庸就是金庸，是天皇巨星，是真正的作家，也是一个成功的企业家。

文/倪　匡

了不起的金庸

我想是中国人都会看过金庸的小说或改编的电视剧，金庸的武侠小说伴随了几代人的成长，有的人看得如痴如醉，有的人对于金庸小说的情节了如指掌，滚瓜烂熟。

金庸勤奋好学，见多识广，有着丰富的人生经历，他一生从事过影评、翻译、编剧、导演等工作，这些经历使他对中国文化历史有了独特的见解。他写的小说都是运用传统的叙事类型,传统的审美规范,传统的文化内容,而这些也正是全世界华人的共鸣点。

现在研究金庸小说的人很多，小说里面的人物郭靖、杨过、黄蓉、小龙女……每一个都那么鲜活,在他们身上蕴含着丰富的佛教真理、哲学思想和民族风俗。金庸其一人的创作就引来了成千上万的人日夜研究,正如《红楼梦》的研究在文学界形成了"红学",金庸的武侠小说也引起了学界对武侠小说的热衷研究,形成了一度的"金庸热"。

金庸,确实是了不起的武侠小说大宗师!

赏析/李慕莲

做唯一的自己

> 每一朵花儿都有它开放的理由,它不会因别人的赞美而绽放得更加艳丽,也不会因别人的厌恶而枯萎凋落。它始终相信自己,展现独特的美就是花儿坚持开放的理由!

十八岁入行,如今已经三十多岁的台湾歌手伊能静,事业和生活同样有条不紊,结婚并没有让她丧失自我,生产后依旧容颜美丽,当时以偶像歌手出道的她如今已成功地出版了二十多张专辑,演电视、拍电影、做主持、写书……她一直认真地挖掘着自己的潜力,从没有放弃过。

她说："我主持比不过小S，要是比摆pose，谁比得过吴佩慈呢，而像大S的那种深情款款，我也比不上。但她们每个人都会问我：Annie姐，你是如何那么认真地走到今天呢？这就是我，不论做什么工作，我都会认真、努力，很坚持地做好。"

现在事业和家庭都很美满的她，在刚出道时也遭遇了不少的非议。有人说她不够漂亮，有人说她唱歌总是一副童音，还有人说，她出道太早、学历低，在这一行不会走很远……

有一次，她和台湾歌坛"大姐大"苏芮同台演出，但那天她因为生病唱得很差，与本来就是超级实力派的苏芮一比更是相形见绌，于是唱完后她立马跑到了后台的换衣间，心情非常沮丧。可就在这时，她偏偏又听见外面有工作人员议论说："真是的，那个伊能静唱也唱不好，就靠个洋娃娃的样子！听听苏芮的歌声多好！那才叫歌手。伊能静这种人也能当歌星？"

听到这些话，还在换衣间里的伊能静呆住了，虽然当时换好了衣服也不敢打开门，只是躲在里面一直哭，一是心里委屈，因为观众并不知道她是带病演唱，二是那一刻她对自己的前途失去了希望，那本来就脆弱的自信心瞬间崩塌了。

到了晚上的庆功宴，她一直努力克制着自己的情绪，但终因刚入行，年纪又小，眼泪还是哗哗地流了下来。坐在身旁的苏芮问明原因后，耐心地安慰道："你的歌曲《落入凡间的精灵》或者《我的猫》如果用我这么有力量的声音来唱，有多么不适合，你能想象吗？所以你不需要难过，因为你的特色是无法被取代的，也因为你的特色，你的歌迷才会这么喜欢你，所以好好发挥自己的特色才是最重要的，你要做唯一而不是争第一！"

唯一是无法取代、无法超越的，这个世界上可能有数不尽的人比她更漂亮、唱歌更好听、演戏更好看，但是，这个世界上却只有一个伊能静！

想想前几年热火朝天的模仿秀，许多歌手因为惟妙惟肖地模仿某一个明星而获得了比赛的冠军，一时间万众瞩目，各大秀场上也频频出现他们的身影，狐假虎威，真是风光无限！但是后来呢，有谁还记得他们的名字？岁月流逝，大浪淘沙，在人们的记忆里闪光的唯有那

些充满了个人魅力的明星,他们也许不是最好的,但却是最特别的。

每一朵花儿都有它开放的理由,它不会因别人的赞美而绽放得更加艳丽,也不会因别人的厌恶而枯萎凋落。它始终相信自己,展现独特的美就是花儿坚持开放的理由!

世界上没有两片完全相同的叶子,也找不到完全相同的两个人。也许你没有聪明的头脑,也许你没有健全的身体,也许你没有漂亮的容貌……但是,你就是你,一个独立的个体。也许你不能争取得到第一,但只要把自己的潜质发挥到极致,你就可以做唯一的自己!

文/张磊磊

发掘自我的闪光点

俗话说:"三百六十行,行行出状元。"相信每一行业的佼佼者能成功的重要原因之一,是他们都找到了自己的长处,再把长处加以发挥,这些长处就成了他们的强项。也就是说,他们都发掘了自身的闪光点。其实每个人都会有属于他自己的闪光点,这闪光点与别人是不一样的,是独特的,是一个人的优势的标志。例如:嗓子好的人可以当歌手,心灵手巧的人可以当裁缝,有画画天分的人可以当画家……甚至有些人可以通过努力将自身的缺陷转化为自己的优势。一个失去左臂的人,他学柔道,师傅只教了他一招,他就凭着这一招夺得世界性比赛的冠军,因为破解这招的唯一方法就是对手只能抓住他的左臂。

的确,每个人都有缺点,但千万别让自己的缺点遮住了优点,想办法找到自己的长处,再在这方面下苦功,让它成为你与众不同的、最亮丽的、最自豪的闪光点!秀出自己的闪光点,我们同样可以活得很精彩!

赏析/余 佳

王选的选择

没有什么比抉择更能影响人的前程，没有什么比认识更能影响人的一生，认识甚至更重要，因为它是抉择的前提，是创造前程真正的出发点。

没有什么比抉择更能影响人的前程，没有什么比认识更能影响人的一生，认识甚至更重要，因为它是抉择的前提，是创造前程真正的出发点。王选一生中有许多次重要选择，其中四次在他的人生中具有里程碑的意义。

王选一九三七年二月生于上海。他一生中第一次大的抉择，发生在一九五六年夏天，在北京大学二年级选择专业的时候。班上大部分同学选择了纯数学，因为"纯数学的光芒可以照耀到一切科技领域"。另一项选择是计算数学，这只是一个分支学科，北大也刚刚开设，连教材都缺乏，可谓冷清而荒凉。

王选就选了这个"冷门"。他后来回忆，其实他注意到，中国一九五六年一月刚制定的十二年科学发展远景规划中，把原子能、自动控制、计算技术列为重点发展学科，"周恩来总理也说，计算技术是我国迫切需要发展的重点技术"。一九五八年，研究计算机的热潮在中国掀起，留校先后在数学系和无线电系任教的王选，成为国内最早研究计算机技术的奠基者之一。这项选择决定了他此后一生的走向。在一个国家发展的迫切需要中,必蕴藏着人生的远大前途。至于"冷清和荒凉",那才是更容易出彩的地方。

但时至一九六一年,王选因饥饿加上劳累,患重病久治不愈,生命岌岌可危,第二年被护送回上海老家。在母亲坚持为他请医治疗和精心照料下,生命才出现了转机。他得以继续计算机领域的研究。

一九七五年王选三十八岁了,仍病休在家。还能做什么? 就在这年,他做出了又一个重大抉择——决定投身于改变铅字印刷术的"汉字精密照排系统"研究。

这个抉择是不可思议的。美国一九四六年发明了第一台手动式照排机;五十年代发展了"光学机械式"二代机;一九六五年德国推出"阴极射线管"三代机;一九七五年英国研制的"激光照排"四代机即将问世。王选的选择是直接向第四代激光照排机挺进。他被认为"妄想一步登天",还被戏称为"数学游戏"。但正是这个"数学游戏",踩到了数字化技术的台阶。其实他早在一九七五年便开始了向数字化时代挺进。

当时中国连"一代机"都没有搞出来,他的这项选择在今天看来,还可称之为选择了"跨越式研究和发展"。在世界高新技术日新月异的时代,也只有选择"顶天"科研才有大前途。针对精密汉字字形信息量大的问题, 王选发明了高分辨率字形的高倍率信息压缩和高速复原方法。他的技术获得了欧洲专利。时值一九八二年,我国专利工作尚未出台,王选的成果表明了在国际上的先进性,他也由此成为世界进入工业时代数百年来,中国内地第一个获得欧洲专利的人。

但是,难题接踵而至。英国、日本、美国搞的汉字照排系统相继打进中国市场。王选虽握有"顶天"技术,却眼睁睁看着外国产品长驱直入。多少年来,他一心只想努力搞好科研,能为祖国做贡献……现在就像一觉醒来, 发现自己的技术若不能尽快变成产品, 就会变成废物。他做出了一生中又一次重大抉择——与企业合作,走与西方企业集团决战市场的道路。北大新技术公司通过经营王选主持研制的照排系统,迅速发展为北大方正集团。到一九八九年底,其汉字激光照排技术,已稳固占据了国内报业百分之九十九、书刊(黑白)出版业百分之九十的市场，以及百分之八十的海外华文报业市场，所有来华的同类外国产品全部退出了中国内地。

一九九四年，王选五十七岁，他已是中国科学院、中国工程院"两院"院士和第三世界科学院院士。此时，西方电子印刷技术仍占领着中国香港和台湾的市场，特别是彩印市场。这时的王选发现，自己的科研思维已不如年轻人敏捷，他做出人生中又一次重大抉择——让年轻人来挑重担。此后，由他的学生主持完成了彩色技术的重大突破，为方正系统挺进香港、台湾乃至日本市场作出重要贡献。这一次，是王选人生中最智慧的选择。

从青年时代开始，王选在同疾病作斗争的一生中，完成了我国汉字激光照排系统的研制。他曾获联合国教科文组织科学奖，以及国家最高科学技术奖等多种国内外大奖，并有《王选文集》、《王选谈信息产业》等多种专著问世。他把创新的科研成果推向产业化，从而结束了我国排版印刷"铅与火"的时代，进入"光与电"的世纪，其意义更在于依靠自主创新能力，使我国编辑、印刷、出版全行业实现了从工业时代向数字化时代的历史性跨越。

文/王宏甲

迎难而上，创造奇迹

一个人一生中注定要面临几次极其重要的抉择，而选择往往决定着人生追求的方向。如果你没有人生方向，那你现在一定还处在碌碌无为的状态中。

在面临重要抉择的时候，有的人会非常紧张，一副六神无主的样子，四处请人帮忙。其实这个时候最睿智的人可以提供给你的也只能是建议，他们的话只是供你参考。成功人士不会在关键时刻失去自己的判断能力，在经过严密谨慎的思量后大都能得出自己预测的结果。

只有是自己预测的结果才能真正地说服自己。只有相信奇迹,才能创造奇迹。

  在茫茫宇宙中一个人只是一粒微小的尘埃,但每个人都要热爱自己的生命,相信自己,相信奇迹,只要不惧怕困难,我们一定也可以让其他人和我们一起见证奇迹。

赏析/李次欢

第二辑　举起理想的杠铃

你有没有负重过？相信答案一定会是笑容。是的，无论是在学校、家庭，还是我们每个人的内心，谁不负重呢？成绩、名次、比赛、理想，它们个个都如一个杠铃，有时压在我们的手上，有时担在我们的肩膀上，有时悬在我们的心头。

你是一个科学家？那承担起国家交给你的科研重任吧；你是一个运动员？那承受住每一个赛场山呼海啸般的期待吧；你只是一个学生？那举起你的理想吧。即使只有一只翅膀，我们也要学会在空中划出自己的痕迹……

喜欢像风一样
无拘无束地生活
自由自在地呼吸
幸福的理由其实很简单
风走过的地方
快乐总是和我一起成长

清华"永远的校长"

贻琦时代离我们并不遥远,在抬头仰望的同时,我们为何不靠近一些,让我们身体也散发出悠然而久远的梅香呢?

梅贻琦(1889~1962),字月涵,天津人。第一批庚款留美学生,历任清华学校教员、物理系教授、教务长等职,一九三一至一九四八年任清华大学校长,一九五五年在台湾新竹创建清华大学并任校长,直至逝世。

一九三一年十二月三日,在清华大学校长就职典礼上,梅贻琦留下了中国大学史上最著名的一句话:"所谓大学者,非谓有大楼之谓也,有大师之谓也。"

他本人从来没有被称为"大师",但在他的任内,却为清华请来了众多的大师,并为后世培养出了众多的大师,他被称为清华"永远的校长"。在遍布世界的清华校友心目中,提到梅贻琦就意味着清华,提到清华也就意味着梅贻琦。

一位清华的老校友在纪念梅贻琦的文章中称:"母校以'自强不息,厚德载物'八字为校训。历届毕业同学,凡是请梅先生题纪念册的,梅先生辄书此两语为勉。梅先生一生行谊,也正可以用这两句来说明。"

《易经》上说:"天行健,君子以自强不息……地势坤,君子以厚德载物。"梅贻琦在世人的心目中,正是这样一位"君子"。

清华早期著名的体育教员马约翰曾经这样评价梅贻琦："他有他的人格……真君子 real gentleman 的精神。梅先生不但是一个真君子，而且是一个中西合璧的真君子，他一切的举措态度，是具备中西人的优美部分。"

梅贻琦生性不爱说话，被称为"寡言君子"。早在一九〇九年考取第一批庚款留美学生时，他那"从容不迫的态度"就给人留下了深刻的印象。在发榜那天，考生们都很活跃，考上的喜形于色，没考上的则面色沮丧。只有瘦高的梅贻琦，始终神色自若，"不慌不忙、不喜不忧地在那里看榜"，让人觉察不出他是否考取——而实际上，在六百三十名考生当中，他名列第六。

"一二·九"运动后，清华曾经发生过数千军警闯入学校逮捕学生的事件。事前得知了这个消息，学校的几位领导人在梅贻琦家里商量如何应对。大家说了很多意见，唯有梅校长默然不发一言，最后大家都等他说话，足足有两三分钟，他还是抽着烟一句话不说。冯友兰教授问："校长——你看怎么样？"梅贻琦还是不说话。叶公超教授忍不住了，问道："校长，您是没有意见而不说话，还是在想着而不说话？"他隔了几秒钟回答："我在想，现在我们要阻止他们来是不可能的，我们现在只可以想想如何减少他们来了之后的骚动。"

后来，学生们怀疑军警特工手里的名单是校方提供的，所以把教务长架到大礼堂前接受质问，并有学生扬言要打。此时，他们的校长身着一件深灰色长袍，从科学馆方向慢步走来，登上台阶，对着两三百名学生，有半分钟未发一言，然后用平时讲话同样的声调，慢吞吞地说出了五个字："要打，就打我！"

梅贻琦嗜酒，并且在这一点上也堪称"君子"，以至于被酒友们尊为"酒圣"。考古学大师李济回忆："我看见他喝醉过，但我没看见他闹过酒。这一点在我所见的当代人中，只有梅月涵先生与蔡子民(蔡元培)先生才有这种'不及乱'的记录。"

曾经有一篇纪念他的文章，标题就叫做《清华和酒》。"在清华全校师生员工中，梅先生的酒量可称第一……大家都知道梅先生最使人敬爱的时候，是喝酒的时候，他从来没有拒绝过任何敬酒人的好意，他干杯时那种似苦又喜的面上表情，看到过的人，终身不会忘记。"

一九四七年,抗战胜利之后清华第一次校庆,在体育馆摆了酒席,由教职员开始,然后一九〇九级,逐级向校长敬酒。梅贻琦总是老老实实地干杯,足足喝了四十多杯。

文/徐百柯

昔日梅香今犹在

再走近些这位"寡言真君子",我们得到的就不只是一般的感动了……

世人多说:"人皆为金钱利欲的奴隶。"人是否终会被金钱利欲所俘虏?且擦亮眼睛看看梅贻琦先生,答案已昭然。

梅贻琦在祖国大陆和台湾各界都享有盛名,不仅因为他几十年来的从教不辍,更因为他的廉洁奉公。他曾担任清华大学校长十七年之久,保管清华基金,也曾多次担任当时教育部高层领导职务,但谨守准则,处处清廉,紧守着防线,不让自己有一丝一毫的私念。在金钱利欲面前,梅贻琦做到了,他是个坚强不屈的战士;然而,充斥着金钱利欲气味的世界,又有谁能真正做到如此?糖衣炮弹的攻击比坚船利炮来得激烈,有多少人向前者俯首称臣?

梅贻琦的时代离我们并不遥远,在抬头仰望的同时,我们为何不靠近一些,让我们身体也散发出悠然而久远的梅香呢?

赏析/马冬梅

李四光的故事

李四光先生一生的选择都体现了他对祖国的一片深情,正是这份儿子对母亲般的赤子深情,使李四光在生命的磨难、生活的艰辛中始终保持着强大的前进动力。

李四光(1889~1971),我国杰出的地质学家,地质力学的创立者和新中国地质事业的开拓者与奠基人。让我国丢掉了"贫油"的帽子,对我国的矿产资源开拓有重大的贡献。

在学校,李四光学习刻苦,生活清贫。每月收到的官费用于必需的开支后,已所剩无几。为了省钱,他常常把生米放进暖水瓶中,加上开水,浸泡一夜,第二天,凑着咸菜一起吃下。李四光的确是一位不知疲倦的学生,即使休息时间,也不放松学习。偶尔在假日走进公园,看看名胜古迹,身边也总是少不了一叠报纸杂志,或是一卷厚厚的书籍。在林阴里,在流水旁,他一坐下来就抄抄写写,或是思考一连串的问题。

新中国成立后,李四光几经波折,终于回到了祖国的怀抱。二十世纪五十年代初,李四光承担的另一重大的任务就是,把全国的地质工作者组织起来,为新中国的社会主义建设服务。

李四光毕生致力于地球科学研究事业。勤奋好学,博览群书,学识渊博,注重实践,悉心钻研,勇于创新,共发表论文七十余篇(部),

为发展地球科学和服务于国民经济建设、环境治理等方面，做了许多创造性的工作，并在很多方面做出了巨大贡献：他创建的地质力学，提出构造体系新概念，为研究地壳构造和地壳运动、地质工作开辟了新途径；他关于古生物蜓科化石鉴定方法与分类标准，一直沿用至今，为微体古生物研究开拓了新道路；他建立的中国第四纪冰川学，为第四纪地质研究，特别是地层划分、气候演变、环境治理和资源勘查等开拓了新思路；他始终不渝地将自己的聪明才智献给祖国和人民，为了解决建设中急需的能源问题，他运用自己创建的地质力学理论和方法，组织和指导石油地质工作，在分析中国地质构造特点的基础上，指出新华夏构造体系三个沉降带具有广阔的找油远景，五十年代初就提出华北平原和松辽平原的"摸底"工作值得进行，为大庆、胜利、大港等我国东部一系列大油田的勘探与发现，为摘掉我国"贫油"的帽子和石油工业的发展作出了重大贡献；他指导铀等放射性矿产勘查取得突破性进展，为发展我国核工业和"两弹一星"做出了重要贡献，他还有力地推进了我国地热资源的开发利用；邢台发生地震后，在人民的生命财产受到极大威胁的关键时刻，提出进行地应力测量和现今构造应力场分析，研究地震发生、发展的规律，为预测和预报地震指明了方向；他还把这些理论和方法应用于区域地壳稳定性研究，在地壳活动带中寻找建设"安全岛"，以及各种灾害的预测与防治等。直到他临终，还念念不忘发展地球科学、国家建设和人民的安危。

一九七一年四月二十九日上午八时三十分，李四光这位历经风霜、鞠躬尽瘁，为祖国为人民奉献了一生的伟大科学家永远地离开了我们。

文/许珍珍

奉　献

李四光不仅是一位卓越的科学家，更是一位伟大的爱国主义者。作为我国地质力学的创始人，他还是科技创新的典范。他的一生都在奉献，为科学，为祖国。

李四光先生从青年时代就关注能源问题,为了解决煤的问题研究古生物的鉴定分类。他顶着外界的压力,发现和确立了中国的第四纪冰期,并使其地质研究为工农业生产建设服务。他还应用自己开创的地质力学理论,为中国寻找石油、铀、地热等资源。难能可贵的是,在生命的最后时刻,李先生还惦记着替代有限资源煤的新能源。真可谓鞠躬尽瘁、死而后已。

李四光先生一生的选择都体现了他对祖国的一片深情,正是这份儿子对母亲般的赤子深情,使李四光在生命的磨难、生活的艰辛中始终保持着强大的前进动力。与许许多多爱国学者一样,李四光精神的核心正是他那强烈的民族情怀和赤诚的爱国精神。

赏析/王　嘉

伟大的人民教育家——陶行知

作为后来者,我们今天纪念他,不仅要继承他的学说,更要继承他的为人民、为国家及民族奋斗的精神。

陶行知是我国伟大的人民教育家。他于一八九一年出生在安徽歙(shè)县黄潭源。他家境贫寒,自幼参加劳动,五岁时就能帮助母亲做家务、带妹妹,爸爸上山砍柴,他也跟着去,拾上一小捆背上,跟爸爸一起到集上去卖。清贫的家境、勤劳的父母，使陶行知从小就养成了爱劳动的习惯，培养了热爱劳动的思想感情。

行知的父亲既会劳动，又能写会算。行知受父亲影响，对读书写字特别感兴趣。平时，父亲吟诵诗词，他就用心听；父亲写信作文，他就认真看，并用指头当笔在桌子上比划。五岁时，熟知陶行知好学的童馆老师方庶咸先生免费招他为学生，从此陶行知跟从方先生学习基本知识。十岁的时候，他开始读"四书"、"五经"，十五岁的时候进教会中学——崇一学堂，学到许多西方近代文化科学知识。在中学毕业时，他对同学们说出了自己的理想："我是中国人，要为中国做出贡献！"

陶行知说到做到，从此他为自己立志为国为民的理想更加努力奋斗。

十七岁的时候，他独自前往杭州，到广济医学堂求学。后因不满学校对基督徒学生的歧视，愤而退学。随后考入南京汇文书院，次年升入金陵大学。三年后，他以全校总分第一的优异成绩毕业，并被保送到美国伊利诺大学。之后又转入哥伦比亚大学师范学院学习教育，师从著名教育家杜威、孟禄等。一九一七年秋天，怀着"要使全国人民都有受到教育的机会"的志愿准备为国做贡献。

这一年他受聘于南京高等师范学校，任教育学教员、教授、教务处长等职务。一九二三年，他开始辞去所有的工作，专心开展平民教育运动。

在这个长期的平民教育实践中，他深切认识到，中国以农立国，一百个人中有八十五个人住在乡村，所以，中国教育改革的问题应该在农村。要想普及教育，就必须使平民教育下乡，开展乡村教育运动。

于是，他高举教育革命的旗帜，对中国教育改革的方向、理论、方法进行新的探索和开拓。首先，他在乡下办起了晓庄师范，这是一所在北伐战争节节胜利的炮火中建立起来的学校。在晓庄师范里，陶行知脱去西装，穿上劳动短装，戴着大草帽，和师生同劳动、同生活，一起为中国教育寻觅新曙光。也就是在晓庄师范里，陶行知把杜威的教育理论加以改造，形成了他的"生活即教育"理论。在这个理论的指导下,他们信奉"生活即教育"、"社会即学校"的宗旨,在老师的指导下晓庄师范的学生自己建校舍、开荒种粮,过什么生活,就读什么书,甚至还走出校门参加村里的农协会和打倒土豪劣绅的斗争。这样就把学校教育与社会生活及生产劳动结合在一起。其目的是把学生培养成为有农夫的身手,有科学的头脑,有改造社会精神的乡村教师。由于生活教育理论基本符合我们国家的基本社会环境,所以在当前的教育改革中仍然可以作为借鉴。

一九四六年七月二十五日,陶行知因"劳累过度,健康过亏,刺激过深"而不幸逝世。噩耗传开,举国震惊,四海同悲。全国开展了广泛的悼念活动,至今仍有不少人在不断地研究他的思想,学习他的品德。

文/草　原

伟大的基点

毋庸置疑,陶行知先生是一位伟大的教育家,他的一生为我们留下了有关教育的论述近百万字,都是从具体教育实践活动中概括出来的,适合中国国情的教育思想。他的"生活教育"理论是最富有创造性,最为经典的教育理论,其中"生活即教育"、"社会即学校"、"教学做合一"三个著名的观点为中国现代教育打开了一片崭新的天地,他的许多教育思想和教育实践活动在我国近现代教育史上闪耀着光芒。

纵观陶先生的一生,他以"教育救国"为梦想,并为之耗尽毕生精力;他从一个偏僻的皖南农村到了繁荣富强的美国深造,有的人再也没有回来,但他却回来了,而且到了小学从事最基本的教育。他的一生似乎是为了在我们这个贫穷的中国普及文化而存在的,他所有的事业的出发点都是"要使全国人民都有受到教育的机会",他是一位名副其实的"人民教育家"。

"伟大的人民教育家"是毛泽东对陶行知先生一生高度

而又形象的概括,陶先生伟大的基点正是在于他认识广大的人民,忠心为人民服务。作为后来者,我们今天纪念他,不仅要继承他的学说,更要继承他为人民、为国家及为民族奋斗的精神。

赏析/王　嘉

屋顶上的月光

人生的确需要那微弱的"月光"把我们照亮,它让我们理智地对待挫折和不幸,它是坚定我们走向成功的信念。

有一位少年,童年时期就失去了双亲,与他相依为命的哥哥也只能靠辛勤的演奏来赚取生活费,家境十分贫寒,生活很是艰苦。然而这一切都阻止不了他对音乐的热爱和渴望,他准备到距家四百公里外的汉堡拜师学艺。

他一路风尘仆仆,饿了啃干粮,渴了喝泉水,累了在农家的草垛旁或是马厩里歇一晚,历尽千辛万苦,终于走到了汉堡。

虽然来到了汉堡,音乐教师的收费却很昂贵,囊中羞涩的他无力支付,剩下的钱居然不够一星期的学费。他不愿就此放弃,跑遍了几乎所有的音乐课堂,忍受着嘲笑与讥讽,终于得到一位老师的认可,做了他的学生。

老师发现了他的天分,建议他去撒勒求学,那里才能给他真正系统的音乐训练。于是他再次踏上旅途,忍饥挨渴地走到撒勒。经过苦苦哀求，一位校长终于允许这位少年在音乐学校旁听。他欣喜若狂，以加倍的热情投入学习，天赋与勤奋使他很快脱颖而出。

少年渐渐不能满足于手头简单的几套练习曲，他知道他哥哥保存着很多著名作曲家的曲谱，回乡后便向哥哥提出了请求。为生活四处奔波的哥哥对弟弟的音乐功底并不了解，他语重心长地说："这些曲子我演奏了十几年还觉得吃力，你不要以为出去学了几天就了不起了，还是好好弹你的练习曲吧！何况，那么珍贵的曲谱，你弄坏了怎么办？"哥哥板着脸离开了，他却没有因此死心。哥哥每到晚上都要出去演奏补贴家用，这时他就偷出哥哥珍藏的曲谱，用白纸一个音符一个音符地抄下来。因为家里很穷，点灯都是奢侈的事情，月明星稀的晚上，他就爬到屋顶上，在明亮温柔的月光下抄写曲谱。曲谱的美妙使他沉醉其中，被困窘折磨的灵魂此时似乎插上了翅膀，在月光下任意翱翔。

一个夜晚，哥哥疲倦地归来。临近家门，他听到一段优美而哀婉的旋律，那是弟弟最后抄写的那支管风琴曲的变奏。音乐自夜色中飘荡回旋，他不知不觉也被感染了，深为其悲。音乐如泣如诉，有身世坎坷的感叹，有遭遇挫折的伤悲，更有对美好理想的追求和对光明的无限渴望。哥哥站在月光下倾听着，眼泪潸然而下。他终于相信，弟弟的天分足以演奏好任何一支曲子。他走进屋，含着泪水轻轻搂住了弟弟，决定从此全力支持弟弟继续深造。

少年终于一偿所愿，美梦成真，他就是近代奏鸣曲的奠基者——巴赫。

有人曾经问他，是什么支持着你走过那么艰苦的岁月？他笑着说："是屋顶上的月光。"

"屋顶上的月光"——他将所有的挫折都饱含在这一简单而美丽的句子里。这不仅意味着他灵魂深处对音乐的热爱，而且充满感人至深的力量。有时候，照亮我们的理想并照亮我们的心灵，真的只需要那微弱的屋顶上的月光，就如同当初它照亮了巴赫的理想，使他漠视所有的困苦和劳累，从而最终达到自己的音乐天堂一样。

文/陈　敏

照亮人生的信念之光

古往今来，无数艺术家都将月光作为自己的创作对象。因为，月光总是那么美，那么柔和，能带给人一种明朗澄静的感觉，引人遐想。而在《屋顶上的月光》一文中，我们读到了一位音乐伟人——巴赫在"月光"下成长的故事：

巴赫是十八世纪巴洛克时代的音乐巨匠，现代西洋音乐的开山鼻祖，奏鸣曲的奠基者，被人赞为"音乐之父"。他的作品，为世界古典音乐树立了丰碑，对欧洲的古典音乐和后世音乐的发展有十分深远的影响。或许从前你并不了解，他少年时期的生活竟是这样艰难、他的求学之路又是如此艰辛。对音乐的热爱和渴望，给了他战胜挫折的无穷勇气，从他默默地在月光下抄写乐谱开始，就注定他会成为一个伟人。

屋顶上的月光，照亮了巴赫的理想，也点燃了我们的梦想。那轻柔的月光，虽然只是淡淡的一缕，但在巴赫的心里，那是信念之光，是力量的源泉，是成功的希望。那轻柔的月光，蕴含了巴赫对音乐的痴情与理想，更寄托了他对成功的信念。那是何等的美丽！生命中能使我们为之奋斗的东西，叫做理想，而实现理想所必需的，却是信念。很多人说，做人最重要的莫过于要有鸿鹄之志，但要想让理想实现就必须要有坚定的信念。

朋友，你的心里有"月光"吗？

赏析/王　嘉

齐白石传略

只有淡泊名利，才能以自己独特的方式和习惯，平静地对待生活，面对朋友、同事和亲人。

　　齐白石，我国著名的国画大师。他出生于湖南省一个贫穷的农民家庭，自幼好学，喜欢画画和写字。

　　一次，他跟同学去池塘抓青蛙，路过一家门口，发现那门上贴了一张崭新的雷神像，一下子被吸引住了，急忙回家拿来笔和纸，铺在地上，对着雷神像，一笔一画地描了起来。后来发现不满意，又找来高脚木凳，站在上面画，一起出去玩的同学看了，直惊叹地说："简直和原像一模一样。"此次画画的成功，促使他从此走上了画画之路。

　　由于家贫，齐白石只在九岁时上过不到一年的学。辍学后，帮家里砍柴放牛，但他每次都把书挂在牛角上，砍够了柴，就躺在草地上专心地读书。

　　十五岁时，他拜了一个名匠为师，学手艺来养家。在老师的悉心教导下，他刻苦用功，反复地临摹，又肯动脑筋创新，当时雕花匠所雕的花样，几乎千篇一律，齐白石根据自己平时对生活中花草虫鸟的观察和历史故事的熟记，创新地把这些内容运用到雕刻上，很快就超过了他的师傅。

齐白石不仅向富有创造性的先辈们虚心学习，而且向有创造性的晚辈学生虚心学习。有一次，他下课回家后，高兴地对他妻子说："这些学生真可爱，有的功夫还真深，我从他们那学了不少东西。"一边说，一边展开手中的一幅图画，说："这幅《梅鸡图》多好，不落套，有新意，我特意借回来要临摹的。"齐白石这种虚怀若谷的精神感染了他的学生。对于学生的崇敬、学习，他提出一条至理名言："学我者生，似我者死。"

齐白石每天除作画不间歇外，几乎天天手不离卷，用功苦读诗词，从《诗经》《楚辞》到唐诗、宋词，无不下工夫，以至在故友新朋中，诗、书、画、刻，样样见功力的，只有他一人。

齐白石老人一生淡泊名利。他在北京时，有位叫樊樊山的朋友要推举他去当慈禧太后的宫内画师，享受六品俸禄，但齐白石说，他只想卖卖画，刻刻章，挣些钱，够吃够喝就行了。后来怕樊樊山再提起此事，赶紧离京南下了。

一九〇八年，齐白石在广州租一间小屋，表面卖画、刻印，暗里帮助他的老朋友罗醒吾传递秘密文件，罗醒吾是孙中山领导的同盟会成员。齐白石时刻牢记着："天下兴亡，匹夫有责。"

一九三七年，北京沦陷，日寇的野蛮入侵，激怒起他强烈的民族自尊心和爱国心。日本侵略者驻华头目曾多次诱逼齐白石加入日本籍且很多日本人上门求画，为此齐白石在大门口，贴出"停止卖画"的纸条，并亲自用刀将院里亲手种的花木砍掉。

在上海，伪浙沪警司令宣铁吾过生日，他为了显示风雅，特请齐白石赴宴，并要求齐白石当场挥毫作画，齐白石推辞不过，于是大笔一挥，即刻一只大螃蟹出现了，身上带着湿淋淋的水汽，像刚从水里爬出，活灵活现。正当众人赞叹不已之时，齐白石手又一挥写"横行到几时——铁吾将军"，众人顿时大惊失色。齐白石说："我残年遭乱，留一条老命还有什么好怕？"他依然用这种方式画下去，进行自己的特殊斗争。

六十二岁时，齐白石认为对虾的体会不够，于是专门养了几只活虾，每天观察，看它们的形状、游动姿势，还常触动它们，看它们跳跃时的各种姿势。一直到八十岁，他画的虾，才真正达到炉火纯青的地步,令人叹为观止。

一九五六年冬天,九十七岁高龄的白石老人与世长辞。

文/招秋艳

淡泊名利才能飞得更高

面对权贵,他远离逃匿;面对欺压,他奋然反击……齐白石一生淡泊名利,所以活得实在,创作上成就斐然。

只有淡泊名利,才能以自己独特的方式和习惯,平静地对待生活,面对朋友、同事和亲人。脱掉虚伪的外衣,去尽都市的浮华,还原本色,不卑微、不凡俗,自然地工作,真实地生活,那有多好。只有淡泊名利,才能抛开人世间的喧嚣、浮躁,才能与人为善,乐于助人,才能永远保持智者的头脑,保持对事业的上进心。

不追求名利,生活简单朴素,才能固守寂寞,坚持自己的志趣;不追求热闹,心境安宁清静,笑对生活,才能达到远大目标。齐白石在六十多岁的时候,依然能固守自己的一份执著,并最终确定了自己在画坛上的地位。

无论身在何处,人活着,不能全为了追求名利,应该还有比名利更为重要的东西,比如情趣、爱好等。拥有淡泊的心境,去细细品味人生,生活就会多姿多彩。

赏析/李林荣

永远九十九分

无论你多么有才华，都不要满足于现状，安于现状是前进的绊脚石。

李博生是中国工艺美术大师，他的许多作品都是作为国家级礼物，由国家领导人赠送给尊贵的外宾，他的玛瑙作品《无量寿佛》曾获百花奖的金杯奖，是顶级作品。入行四十五年了，他说自己的工作是完善玉石，去除玉石的瑕疵，他在雕琢着玉石，玉石也在雕琢着他自己。

一九八五年，李博生到玉雕厂工作，第一次进厂，他看到的是好几位玉雕师光着膀子汗流浃背地在打磨玉石的场面。他于是也知道了，雕琢玉不光是雕刻那么简单，他心里暗暗发誓，一定要让自己做到最好。琢玉三年，他出师了，好几位高级工围着他的一件作品评判。他充满自信，看见评委们也频频点头。分数打出来了，评委给了他九十九分。他很不服气，说你们为什么要扣掉一分，明明可以打一百分的。最后，一位老工人评委对他说："扣掉你一分，你还有前进的余地，要是给你一百分，你就走到头了，你还有发展吗？"

李博生恍然大悟，从此，他不再满足自己，虽然前辈们作品的影子已在他心里生了根，但他并不受限于那些框框，而是执著地走自己更艰辛的探索、创作之路。为一件作品，常常呕心沥血，甚至病倒住院。三十岁的时候，他就已经进入了顶级玉雕大师的行列。

无论你多么有才华,都不要满足于现状,安于现状是前进的绊脚石。如果我们的祖先对自己有着强壮四肢行走的猿的现状打一百分,可能这个世界上永远没有站起来的人类。永远给自己打九十九分,就像背着一个永远装不满的筐,因为装不满,你就会一直不停地为自己采摘,你摘到的果实就会越来越多,你就会有更多新鲜的希望果实令人心动地挂在前面的枝头。

文/黄　涛

追求,使人生更完美

　　因为不满足,使李博生永远保持着一颗进取心;因为不满足,使他跨进了中国工艺美术大师的行列。

　　我们在学习上,也要有不断进取的精神,不要为自己有一点小成绩就不思进取,认为自己已经做得很好了,做得很完美了。当你在为自己取得的成绩而骄傲自满时,你就失去了进取的动力;当你安于现状时,你就失去了追赶时代的步伐。学无止境,只有不满足,才能激起你的斗志,才会继续努力,继续开拓创新,才能取得一次又一次的突破,摘取一个又一个的辉煌。

　　不满足的人,才会让自己的才华得到尽情的绽放;不满足的人,才会使人生经受一次又一次的洗礼,散发出夺目的光彩。

赏析/李林荣

"两弹"是他的勋章

他临终前留下的话仍是如何在尖端武器方面努力,并叮咛:"不要让人家把我们落得太远……"

一九八六年,国内公开报道了"两弹元勋"邓稼先的名字,当年大漠上腾起蘑菇云的谜底终于揭开。当人们以感激的心情来颂扬这位功臣时,他却平静地辞世而去。而党和国家授予他的"五一"劳动奖章和"两弹一星"功勋奖章却永远闪耀着光芒!

抱着学更多的本领以建设新中国之志,他于一九四七年通过了赴美研究生考试,于翌年秋进入美国印第安纳州的普度大学研究生院。由于他学习成绩突出,不足两年便读满学分,并通过博士论文答辩。此时他只有二十六岁,人称"娃娃博士"。

一九五○年八月,邓稼先在美国获得博士学位九天后,便谢绝了恩师和同校好友的挽留,毅然决定回国。同年十月,邓稼先来到中国科学院近代物理研究所任研究员。此后的八年间,他进行了中国原子核理论的研究。

一九五八年秋,二机部副部长钱三强找到邓稼先,说"国家要放一个'大炮仗'",征询他是否愿意参加这项必须严格保密的工作。邓稼先义无反顾地同意了。

一九五九年六月,苏联政府中止了原有协议,中共中央下决心自己动手,搞出原子弹、氢弹和人造卫星。邓稼先担任了原子弹的理论设计负责人后,一面部署同事们分头研究计算,自己也带头攻关。

邓稼先不仅在秘密科研院所里费尽心血,还经常到飞沙走石的戈壁试验场。一九六四年十月,中国成功爆炸的第一颗原子弹,就是由他最后签字确定了设计方案。他还率领研究人员在试验后迅速进入爆炸现场采样,以证实效果。随后,他又同于敏等人投入对氢弹的研究。按照"邓——于方案",最后终于制成了氢弹,并于原子弹爆炸后的两年零八个月试验成功。这同法国用八年、美国用七年、苏联用四年的时间相比,创造了世界上最快的速度。

中国能在那样短的时间和那样差的基础上研制成"两弹一星"(原子弹、氢弹和卫星),西方人总感到不可思议。杨振宁来华探亲返程之前,故意写信问还不暴露工作性质的邓稼先:"在美国听人说,中国的原子弹是一个美国人帮助研制的,这是真的吗?"邓稼先请示了周恩来后,写信告诉他:"无论是原子弹,还是氢弹,都是中国人自己研制的。"杨振宁看后激动得流出了泪水。正是由于中国有了这样一批勇于奉献的知识分子,才挺起了坚强的民族脊梁。

邓稼先虽长期担任核试验的领导工作,却本着对工作极端负责任的精神,在最关键、最危险的时候出现在第一线。例如,核武器插雷管、铀球加工等生死系于一发的险要时刻,他都站在操作人员身边,既加强了管理,又给作业者以极大的鼓励。

一九七二年,邓稼先担任核武器研究院副院长,一九七九年又任院长。一九八四年,他在大漠深处指挥中国第二代新式核武器试验成功。翌年,他的癌细胞扩散已无法挽救,他在国庆节提出的要求就是去看看天安门。一九八六年七月十六日,当时的副总理李鹏前往医院授予他全国"五一"劳动奖章。同年七月二十九日,邓稼先去世。他临终前留下的话仍是如何在尖端武器方面努力,并叮咛:"不要让人家把我们落得太远……"

邓稼先的一生,是中国一代优秀知识分子的光辉榜样。他在抗日救亡的呼喊中长大,在"千秋耻,终当雪,中兴业,须人杰"的西南联大校歌声中走上科学之路,他从青少年时代起就抱定了以科技强国的夙愿,将个人的事业与民族兴亡紧密相连。同时,他在党的教导下知道了应该如何发动群众进行科研攻关，为此而终生奋斗不惜个人的生命。他的事迹感动着一代代的中国人！

文/徐　焰

心系祖国，情系民族

邓稼先是从中国放出去的一只风筝，在天空中尽情翱翔之后，他沿着放出去的线飞回来，飞回祖国怀抱，飞回中国人民的身边。从国外留学回来，他把学到的知识也一并带回来了，再把这些知识奉献给祖国的事业。

为了中国第一颗原子弹的诞生，他潜心研究，最终为祖国制造了一个"大炮仗"。原子弹爆炸的那一刻，该是多么令人骄傲和自豪的时刻，这骄傲和自豪是邓稼先给全国人民带来的。没有了他，就可能没有中国这光辉的一页。继而，以比先进国家更快的速度，他又研制成了氢弹，还有卫星。

邓稼先为祖国事业带来了许许多多，也给中国人民树立了好榜样。为了祖国，他宁愿放弃国外给他的荣誉，毅然回国投身于祖国事业。人不单是为自己而活着，还要为国家的前途而尽自己的一份力。在他身上，民族之情是如此的强烈和深厚。

"两弹元勋"邓稼先，感动中国人！

赏析/张艳霞

张大千的做人之道

两位年轻人捧着张大千的画，激动得半天说不出话来。过了好一会，才喃喃地说："张老先生，我们喜欢您的画，更敬重您的人品。"

张大千作为中国现代最著名的国画大师、画坛巨擘，被推崇为"中国画五百年来第一人"。其实，张大千不但国画饮誉海内外，他的为人更值得人们称道。张大千常告诫他的学生们说："要想学习好书画，必须要先学会做人，即要树立起好的品质，做一个有道德的人，有品格的人。""作为一个绘画专业者，要忠实于艺术，不能妄图名利。""人品高，画品才能高！"对于张大千来说，他不仅要求学生做好，他自己更是"要学艺，先做人"的典范。

急人之困：帮助素不相识的老人

一九三八年夏天，张大千为了摆脱日寇的控制，和家人带着孩子，从沦陷的北平辗转来到桂林，并计划从桂林坐飞机返回四川故乡。

由于许多政要、商人及其家眷都取道桂林到重庆去，所以当时桂林到重庆的飞机票特别紧张。张大千多方托人都没买到，他和家人被困在桂林多日。归期遥遥，心中惦记着家中的妻子，张大千的心情十分沉重。为了排遣烦恼，他一直坚持作画。过了一段时间，费尽周折，他终于弄到了一张全票和一张半票。飞机票是第二天早上的。于是他决定，让家人带着孩子先走，自己再留下来想办法。

当天晚上，张大千吩咐家人收拾行李，早点休息，准备明日坐飞机回重庆，他自己仍握着笔继续作画。好长时间后，他有了一丝倦意。正准备休息时，突然听见敲门声，他看了一下放在桌上的怀表，已经是凌晨一点多了，心里有些纳闷儿：自己客居异乡，人地生疏，有谁会这么晚了还来找我？他镇静地打开门。只听"扑通"一声，一位七十多岁的老太太牵着一个小男孩儿跪在门前，还没开口说话，眼泪就不停地流下来。张大千吓坏了，连忙扶她进屋，说道："老太太您请坐，有什么事慢慢说。需要我张某人帮忙的，只要我能办到，一定答应您。"老太太好不容易止住抽泣，说："我儿子在重庆，一直要我把孙子带去。我在桂林等了近三个月了，就是买不到票。我们一老一小在这里举目无亲，叫我如何是好。听人说张先生买到了两张飞机票，你就行行好，让给我吧! 我把孙子送到重庆，让他们父子团圆，我这辈子就算了了这桩心事，尽到了责任，我死了也好闭眼。"张大千忙安慰老人："这兵荒马乱的时候，人人都会遇到许多困难，都需要朋友帮助，何况您是老人家。别担心，我一定会尽力帮助您。"张大千说完，就去叫家人拿出机票来给老太太。老人十分感激，连声道谢："谢谢你的大恩大德，我来世做牛做马也要报答你。"张大千急忙说："老人家别客气，早点回家休息，明早还要坐飞机。希望你们祖孙三代早日团聚。"张大千把祖孙二人送出门，心里才踏实一点。

一诺千金：满足普通青年的要求

一九六三年夏天，张大千从巴西回到香港。为避免打扰朋友，他住在九龙的一家酒店里。酒店专门安排了两个茶房，为张大千做一些倒茶、送饭和打扫卫生等日常琐事。张大千天天作画，有的准备开画展，有的准备送朋友，因此很忙。

一天早上，两位茶房站在张大千身边好久好久。不一会儿，来人更多了。这时，两位茶房当中的一个青年鼓起勇气对张大千说："张先

生，我们天天看您画画，喜欢极了，真想向您要一张，又怕您忙不过来，一直没好意思开口。您看……"张大千听后笑了笑："你们两位年轻人怎么不早说，我还以为你们不喜欢我的画。行，我马上给你们画。"

这时，屋里接连又来了很多客人，相互交流着对张大千画作的看法，张大千在一旁专心致志地画画。一位老先生看得出了神，还没等张大千画完就高声说："大千先生，这幅画我太喜欢了，就给我吧，任凭你出多高的价。"张大千说："这幅画我已答应送给我的朋友了。""是谁？我去和他商量。"当老先生得知是站在身边的两个茶房时，竟然生气了："难道我还不如他们？"张大千也生气了，说："君子一言，驷马难追。我怎么能不守信用呢？你有钱可以在我开画展时买，随便哪张都可以，但这张画是我专门为他们画的。文人雅士、达官贵人是我的朋友，平民百姓也是我的朋友。"

客人走后，两位年轻人捧着张大千的画，激动得半天说不出话来。过了好一会，才喃喃地说："张老先生，我们喜欢您的画，更敬重您的人品。"

不图名利：多年培养好友的孩子

张大千曾数次去雁荡山。每次去他总会登门拜访家住雁荡山环山村的至交、名中医徐鼎西。面对环山村的旖旎风光，他欣然提笔，写下了"樵客出来山带雨，渔舟过去水生风"的名句，形象地描写了雁荡山的景色。由于张大千和徐鼎西交往甚密，因此他特别关爱徐鼎西的儿子徐伯清，觉得这孩子聪慧过人，长大必定成才。在张大千的关心下，徐伯清六岁起就学写"大字"，十二岁时到上海求学，十九岁进入上海美专学习。

后来，张大千给徐鼎西的信中曾这样说："你的孩子就是我的孩子，我会尽心培养他。"果然，张大千对徐伯清的培养，可以说是到了无微不至的地步。张大千五十岁时，在上海举办画展，并广邀亲朋好友、学生以及社会各界名流参加他的寿宴，徐伯清也在邀请之列，令他激动不已。以后的日子里，徐伯清常到张大千处求教，一次，他带着两幅自学的人物像，请教张大千。张大千认真地看后告诫说："每幅画像要画它几千遍，直到自然，把它背出来，要背出一百个人物，那就可当代独步，成为第一高手了。"当场，张大千就握起画笔，对徐伯清的两幅画进行修改，纠正不准确的画法，就连人物的指甲怎样画，也进行了细心地传授。徐伯清聆听了大师的教诲后，铁下了心，以"悬梁刺股"的精神，千锤百炼，后来终于成为著名的书画家。

徐鼎西见张大千如此关爱自己的孩子，感激之情难以言表。他多次写信给儿子，吩咐要送点礼物或钱给张大师，以表心意。徐伯清听了父亲的话后，一次带着一个红包去请张大千大师给他画几幅画作，以便朝夕临摹。当他说明来意并送上钱时，张大千突然严肃起来，说："你是一个学生，哪里会有钱。朋友的孩子叫我画画有什么关系，不要说你，就是别人，我也不会收钱。你真要给我，那我就不画了。"见大师生了气，徐伯清只好把钱收回。尔后，出乎他的意料，为人豪爽的张大千当即挥毫为他画了十幅画。见张大千大师不仅具有诲人不倦的精神，而且具备如此高尚的品格，徐伯清感动得热泪盈眶。

文/韩　冬

做人与做学问

人们常说，"文如其人"，"画如其人"，文章书画的确是作者人品、人格在作品里的表现和反映。张大千就是一个先"做人"后做"学问"、德艺双馨的典范。张老曾说："艺术，是感情的流露，是作者人格的表现。笔墨技巧，只不过是表达感情的手段。因此作者平日，必须注意培养自己良好的风骨和节操，如果只是徒研技巧，必然即落下乘。"

做人是一门大学问，它伴随着每个人的生命全程，需要人们在实践中不断地总结、提炼，它是一个人的立身之本。做人与做事是相辅相成的，会做人是为了更好做事，也只有认真地把每一件事尽力做好，人生的价值才能展现出来。无论是做人还是做学问都不必八面玲珑,左右逢源,最重要的是无愧于自己的良心,做出品格,做出风骨!

赏析/王　嘉

第三辑　追逐阳光的味道

　　小鸟追逐天空的湛蓝，小树向往高处的灿烂，小草期待大地的绿荫，小河憧憬大海的宽阔……每一个我们所能看到的事物，几乎都无一例外地向上、向上。

　　车轮追逐前方，船舶追赶波浪，我们呢？我们正在一步一步地走向茁壮。也许理想看起来有些远大，也许道路走起来觉得漫长，可最最重要的是我们所朝的方向。如果是向着阳光的，阴影就会被抛在后面，风儿会被撞向两旁。我们的步伐，要坚定地向着正确的前方。

一粒种子
是一只柳叶儿黑亮的眼睛
一粒种子飞起来
被柳叶儿吞入腹中
一粒种子的羽毛沾了下水面
从树荫飞进阳光
一粒种子翻越柳叶儿的肠胃
穿过春天

埃菲尔:不仅仅只有铁塔

埃菲尔曾这样说:"我对铁塔十分嫉妒,人们似乎认为她是我唯一的成就,但事实上,除此以外我还有许多别的设计。"

素有"云中牧女"之称的埃菲尔铁塔,今年度过了她的一百一十九岁生日。埃菲尔铁塔虽然经历了一百多年的沧桑,但仍以她那拔地耸云的英姿迎送天下客。

说来也奇怪,埃菲尔铁塔的名声传遍了世界的每一个角落,而她的设计者埃菲尔本人却鲜为人知。有一次,埃菲尔曾这样说:"我对铁塔十分嫉妒,人们似乎认为她是我唯一的成就,但事实上,除此以外我还有许多别的设计。"

古斯塔夫·埃菲尔(1832~1923)是法国著名的工程设计师。一八八九年,他设计并主持建造了举世闻名的埃菲尔铁塔。

埃菲尔先生确实还有许多别的成就,这位现代钢铁建筑之父以大胆的设计建造了世界上许多巨大的桥梁。他在建筑上进行了种种令人难以置信的实验,开创了从木石建筑时代向现代的钢筋混凝土建筑时代的过渡。美国的许多摩天大楼都参照了数十年前埃菲尔代表作中的工程原理。埃菲尔建造了第一座实用的风洞——一种类似隧道的建筑,使可控速度的气流通过,以测试其对模拟建筑物的影响。他还研究出许多飞机机翼和螺旋桨的基本原理。他也有许多小发

旭日飞扬·精华版

明，其中有一项是有声电影的工作系统。

古斯塔夫·埃菲尔于一八三二年出生于一个富裕的家庭。他在报考法国一所著名的综合性大学时，入学考试却失败了。但他并未就此灰心，经过努力，他考上了巴黎的中央工程学院。毕业后，他前往一家铁路建筑公司工作。参加工作后的两年时间里，他规规矩矩地坐在绘图桌边，设计出一张张普普通通的图纸。埃菲尔的母亲是一位聪明善辩很有自信心的女人，在她所经营的煤炭和木材生意中，总是获得成功。有一次，她曾十分悲观地做出结论，说埃菲尔永远干不成大事。对此埃菲尔微笑着说："耐心一些，我的好妈妈，我已经有了宏伟的计划，您将来准会大吃一惊！"

一八五〇年，欧洲的铁路建造业正在迅猛地发展，但在铁路建造中最困难、最艰巨的工程就是桥梁的建造。当时，桥梁的建造仍以木石结构为主，它需要众多的熟练技术工人。埃菲尔决定采用预制的钢架结构解决这一难题，这样，不太熟练的技术工人也可以架设。为此，埃菲尔收集了一切有关钢铁性能的数据、钢架承受能力和应变程度的资料。

当他的公司与法国南方铁路局签订了从波尔多跨越加龙河建造一座一千六百英尺长的桥梁的合同后，埃菲尔将数据资料变成了可行的方案。尽管这座桥梁在设计上打破了常规，但他的计算却十分精确。因此，在该公司举办的研讨会上，埃菲尔的发言有条有理，激情感人，使多数持怀疑态度的人心服口服。

公司接受了埃菲尔的方案。正当经验丰富的法国工程师们等待这位有奇才的年轻人和他的桥梁结构时，埃菲尔的那些柱、梁、桁、架等已安装完毕。加龙河大桥比通常桥梁的建造节省了一半时间和费用，因此，埃菲尔引起了同行们的极大关注。

加龙河大桥的建造成功，给了埃菲尔极大的信心和鼓舞。一八六六年，在父亲的热情支持和母亲的大力资助下，他成立了埃菲尔建筑公司，在巴黎办公室的门口挂了一块铜牌子，上面谦虚地写道："埃菲尔建筑师，承包各种钢铁建筑。"在以后的二十年时间里，古斯塔夫·埃菲尔成为欧洲最成功的最有名望的建筑工程师。一天，埃菲尔接待了一位忧心忡忡的雇主——巴托尔蒂，他是法国著名的雕塑家，一八八四年他制作了赠送给美国人民的"自由女神"像。几年以前，巴托尔蒂就想出了要制作"自由女神"，以此作为法美两国之间友谊的永久纪念碑。数百万法国人慷慨捐助，这位雕塑家开始了他的创作，但大多数工程师都认为没有任何办法可以固定这座高达一百五十英尺的庞然大物，更挡不住来自纽约湾大风的袭击。"这座光辉的雕塑一定要建造成功！"埃菲尔坚定地说。在他的设计室里，一个十分奇特的钢架结构图纸逐渐完成，这个结构的重量可以用比较小的基座支撑，并可以经受住任何狂风的袭击。当同行们都在嘲笑他的时候，巴托尔蒂毅然将这个庞然大物立在了由埃菲尔公司提供的奇特的钢架结构上。结果可想而知——那些嘲笑者们大跌眼镜。自此以后，全世界的建筑师们对所有的建筑都开始使用钢架结构。

埃菲尔设计的玛丽亚—皮亚大桥开创了桥梁设计史上的又一次革命。葡萄牙政府拟定在湍急的特茹河上建造一座高二百英尺、跨距为五百英尺的大桥。埃菲尔一头扎进绘图室搞设计，一周以后，他把设计师们召集到一起宣布说："大桥的图纸我已经设计好了，我们将承建这座桥梁。"

埃菲尔的竞争对手认为他做出的建造此桥的预算低得荒唐，这使他们大为吃惊。由埃菲尔设计的又一座大桥即将诞生，埃菲尔一改通常使用的巨大木制脚手架，而用钢索固定在两岸的铁架上，逐段完成每段桥梁的建造。现在这种方法在建筑行业早已司空见惯了，但在当时却是轰动一时的壮举。玛丽亚—皮亚大桥终于竣工了，以巨大壮观的拱体结构支撑的主体大桥，使建筑史上使用钢铁支架提前了许多年。

在以后的年月里，埃菲尔的一些不同凡响的设计不断涌现，这些设计既结构简便，又造价低廉。例如为苏联、埃及、秘鲁设计的大桥，以及那些水坝、工厂、车站等建筑，都是史无前例的，整个欧洲的工程师们都竞相模仿。埃菲尔的助手之一曾反对他把那些应该在本公司内保密的数据和资料无偿地送给别人，但埃菲尔却耐心地对这位助手说："我亲爱的孩子，既然我能享受我发明的乐趣，为什么别人就不能分享和使用我的成果呢？此外，我还可以不断有新的发明。"埃菲尔设计建造的巴黎铁塔同样不为当时的人所接受，甚至引起了一些人的极力反对,三百名作家和艺术家联名签署了一个宣言,要求拆毁这个"丑陋的畸形怪物"。

虽然埃菲尔的伟绩使那时的人们感到惊愕不已,但只有现代的工程师才能真正欣赏他所取得的非同寻常的成就。就连埃菲尔建塔所用的技术,都是在铁塔竣工后的几年时间里才得到建筑界的承认的。

自一八八九年五月起,在铁塔开放的八个月时间里,就有近两百万人参观了这一雄冠世界的杰作。昔日被少数人称之为"丑陋的畸形怪物",如今已成为巴黎的象征和骄傲。

八十岁的埃菲尔风趣地说:"一个人的青年时代只有一次,因此,一定要有所作为,有所成就。"当他八十九岁时,埃菲尔愉快地宣布,他将开始著书立说,在以后的两年时间里,他写完了三本书,为世界建筑业留下了宝贵的遗产。

一九二三年十二月十五日,埃菲尔正在举行九十一岁生日宴会时,突然感到有些疲劳,因此他提前离开宴会,祝家人晚安后,就上床休息了。从此,他再也没能起来。

文/马小强

坚定信念,一生无悔

人活着的时候一定要有自己的信念,信念确实非常重要,它如同我们赖以生存的氧气那样珍贵。坚定的信念是支撑行动的强大后盾力量,采取行动的动力就来自我们的信念。

创新精神最可贵。拥有创新精神的人勇于挑战,他们比任何人都坚信自己的信念,他们甘愿做黑暗中摸索前进的开路人。他们的求知欲不容易被满足,他们的人生因为有更多的追求而显得更加饱满。

我们内心深处肯定也崇拜着某种真理,有时很明确,有时却模糊,为何不向埃菲尔借鉴经验,他的成功不也是靠坚持信念而孜孜不倦吗?当你还在犹豫着,想放弃的时候,请想想其他成功人士吧。是什么让他们能够继续承受压力,继续忍受痛苦?没错,就是无法改变的信念。

朋友,别在犹豫不决了,如果你想成功就不要说放弃,否则,这世上是没有后悔药可买的。

赏析/李次欢

诺贝尔的艰难探索路

不管在什么情况下,我们都要坚守自己的信念,心存阳光,不要让黑暗占据自己的心灵。

我的摇篮好像死床
忧虑的母亲
多年守护在旁
尽管希望渺茫
却要拯救灭亡之火
……

忧郁而孤独的阿尔弗雷德·诺贝尔在他十八岁的时候用这样一首长诗来描述自己多灾多难的生命的开始。

让人欣慰的是,他那微弱的生命火光并没有熄灭,而且旺盛地燃烧了起来。他用自己毕生的精力发明了硅藻土炸药和改良型炸药,并且因此引发了具有深远意义的革命,影响了整个世界。后来他又用自己毕生积累的财富设立了著名的诺贝尔奖,以褒扬那些曾经给世界的科技、文学的进步以及和平做出伟大贡献的人。

一八五九年,诺贝尔开始研究硝化甘油——一种猛烈而且容易爆炸的炸药。此时,他的父亲伊曼纽尔已经在家里建立了一个小实验室,研究硝化甘油的利用。他投身于父亲那摇摇欲坠的小实验室,做的第一件事就是找一种相对稳定的控制方法,经过五十多次的试验,三十岁的诺贝尔发明了雷管,从此开创了硝化甘油的真正的纪元。

不幸的是,一次意外的爆炸摧毁了他的硝化甘油车间,五个人被炸死,其中有一个是他二十一岁的弟弟埃米尔。这场灾难不仅在他家里而且在全国都引起了强烈的反应。父亲伊曼纽尔因无法承受这沉重的打击而中风;有人提出诉讼;政府颁布了在居民区禁止制造和储存硝化甘油的规定;他的兄长罗伯特也写信劝他:"尽快离开发明家这个讨厌的事业吧,因为它只能带来许多灾祸。"

但是,对未知世界本能的探索欲望和热情紧紧地吸引了诺贝尔,他又回到了废墟上。但公众被吓坏了,对他的行为表现出一致的敌对,并以法律的名义围攻他。整整一个月,他只能在停泊于郊外梅拉拉湖上的一只带有棚盖的驳船上,利用最简单的仪器来研制硝化甘油。幸运的是,事情很快有了转机,在一位目光远大的富商的支持下,诺贝尔在一处荒郊上建立了世界上第一座硝化甘油厂。但在相当长的一段时间里,前景一直黯淡。这是因为消费者对硝化甘油缺乏起码的了解,以及不断发生的硝化甘油爆炸事件。用户和公司都很惶恐,他的公司被称为死亡输出公司,好几个国家明令禁止进口他的产品,生产几乎停滞。

但他并没有因此而泄气,他开始为他的产品在世界各地漂泊游走,示范表演,同时,还要为保护自己的专利权到处打官司。这种漂泊不定的生活,占去了他生命中的大部分时间。当时的交通还处于一种半原始状态,旅行非常不便,诺贝尔就这样随身携带着敏感易爆的硝化甘油在大海上兜来绕去,在陆地上颠簸不息。

但不久,诺贝尔在旧金山西部又建立起一座硝化甘油厂,可是就在这时,他在德国的工厂被一次剧烈的爆炸摧毁了。

诺贝尔更加顽强地去寻找一种更安全而且有效的方法。他找到了硅藻土,硅藻土具有稳定性和强吸收性的双重特性,硝化甘油被硅藻土吸收后,就形成稳定性强、不易爆炸的黄色炸药。

世界立即被震动了。诺贝尔的发明直接和间接地引发了一场具有深远意义的革命,他也因此成了世界上第一个全球性的资本家。

文/伍小静

勇往直前才能成功

"在大海上兜来绕去,在陆地上颠簸不息。"这其实也是对诺贝尔一生的生活写照,也是他艰苦探索的过程和通向成功历程的概括。

在通往成功的道路上,没有一个人是一帆风顺的。诺贝尔的经历,就是一个典型的例子。他让我们知道了取得成功不是那么容易的,要付出艰苦的努力,要承受别人不理解的压力,要有一颗不屈不挠、永不言败的心。

当遇到挫折的时候,你也许会感到沮丧,感到绝望,甚至想到放弃。如果因为难关难以克服就中途放弃,你将永远不会享受到成功的喜悦。

不管在什么情况下,我们都要坚守自己的信念,心存阳光,不要让黑暗占据自己的心灵。人的一生,不是什么事情都可能一帆风顺的,或多或少都会遇到一些困难。遇到困难并不可怕,可怕的是没有一颗承受暂时失败的心,只要我们能像诺贝尔一样,具有一颗越挫越勇的心,勇往直前,那么,多么艰难的障碍,我们都能跨越。

赏析/李林荣

旭日飞扬·精华版

实验室外的居里夫人

荣誉就像玩具,只能玩玩而已,绝不能永远守着它,否则就将一事无成。

吝啬有理

两次获得诺贝尔奖金的居里夫人和彼埃尔·居里结婚时,新房里只有两把椅子,正好一人一把。彼埃尔·居里觉得两把椅子未免太少,建议多添几把,为的是来了客人好让人家坐一坐。居里夫人却说:"有椅子是好的,可是,客人坐下来就不走啦。为了多一点时间搞科学,还是一把不添吧。"几度春秋之后,这对没有给自己的新房增添一把椅子的年轻夫妇,却给世界化学宝库增添了两件闪闪发光的稀世珍宝——钋和镭。

从一九三三年起,居里夫人的年薪已增至四万法郎,但她照样"吝啬"。她每次从国外回来,总要带回一些宴会上的菜单,因为这些菜单都是很厚很好的纸片,在背面书写物理、数学算式,方便极了。有人说居里夫人一直到死"总像一个匆忙的贫穷妇人"。有一次,一位美国记者追踪这位著名学者,走到村子里一座渔家房舍门前,向赤足坐在门口石板上的一位妇女打听居里夫人,当她抬起头时,记者大吃一惊:原来她就是居里夫人。

不　求　名　利

居里夫人天下闻名,但她既不求名也不求利。她一生获得各种奖金十次,各种奖章十六枚,各种名誉头衔一百一十七个,但她却给人一种全不在意的印象。有一天,她的一位女朋友来她家做客,忽然看见她的小女儿正在玩英国皇家学会刚刚奖给她的一枚金质奖章,女朋友大吃一惊,忙问:"居里夫人,现在能够得到一枚英国皇家学会的奖章,是极高的荣誉,你怎么能给孩子玩呢?"居里夫人笑了笑说:"我是想让孩子从小就知道,荣誉就像玩具,只能玩玩而已,绝不能永远守着它,否则就将一事无成。"

文/佚　名

宁静致远，淡泊明志

人海中多少脸孔茫然地随波逐流,有的人碌碌地追求名利,为的是奖章、桂冠和显赫地位,也有的人在不辞劳苦地追求金钱,为的是名牌衣物、豪华住宅和美味佳肴。名利在某种程度上肯定了个人的能力,金钱确实能给人提供充裕的物质条件,但名利与金钱是一把双刃剑,若对其一味孜孜追求的话,它就会变成糖衣炮弹和腐蚀剂。

居里夫妇的两把椅子与两个举世闻名的发现:钋和镭,向我们诠释了以俭养志、俭以养德的道理。做学问是要耐得住寂寞才行的,古来圣贤大多都拥有一颗宁静淡泊的心。日常生活中,从衣食住行都要注意培养艰苦朴素的作风,注意提高个人修养,树立正确的人生观、价值观和世界观。不以物喜,不以己悲,宠辱不惊。不在名利与金钱间流连忘返,而把自己的时间和精力集中在事业上,这是成大事者必备的心态。

水满则溢。无论什么东西都一样,不要追求太多。名利不要太多,因为树大招风;金钱不要太多,因为它会让你贪图享受、不思进取。人人都有梦想与憧憬,但只有辛勤地播种、耕耘才会有收获,在不知不觉中你可能会获得更多。但是所获得的东西有的是我们并不需要的,比如名利,太多会成为我们的负担。在攀登人生高峰时,背着这许多的累赘,脚步能从容吗?

两手空空,让天空明亮的蓝映入心底,你会体会到:宁静致远,淡泊明志。

赏析/陈少红

贝 多 芬

"你们要注意这个孩子,他将来会惊动全世界的。"——这就是莫扎特对他的评价。

贝多芬出生于一个有音乐细胞的家庭,其祖父曾是波恩当地的乐队队长,而贝多芬的父亲早年则在宫廷乐团担任男高音歌手,由于喝酒成性,渐渐地嗓子就不行了。

有一个有音乐才能但却喜欢喝酒的父亲,可以说是贝多芬的幸运,也可以说是他的悲哀。父亲从小就对贝多芬寄予厚望,期望他当一名莫扎特式的音乐神童。在贝多芬四岁的时候,父亲就要求他在一天内至少得练熟五首曲子,练到手麻木了,脚吊肿了仍不能休息,即便是这样,父亲喝醉后稍有不顺心还对他施以鞭打。

贝多芬的童年几乎都在父亲的苛求下度过。父亲的严厉对贝多芬也有着好的一面,他的钢琴水平有了很大提高。贝多芬八岁就成功举行了一场独奏音乐会。后被送往有名的音乐家聂费那里学习钢琴和作曲。十岁就发表了第一首钢琴变奏曲。

贝多芬的酒徒父亲不仅酗酒还赌博,家里的生活便更是难过了。十一岁那一年贝多芬便担负起家里的生活重担,为了生存他加入了波恩剧院的乐队,十四岁的时候便担任了宫廷里的大风琴手,不仅要排练还要为贵族小姐们上音乐课。为了生活,他不得不奔波劳碌。

十七岁的时候,他得到去音乐之都维也纳学习的机会,还拜见了莫扎特。"你们要注意这个孩子,他将来会惊动全世界的。"——这就是莫扎特对他的评价。

正当贝多芬在维也纳刻苦学习的时候,母亲身患重病,他重返故乡。不久母亲病逝,酒徒父亲更是嗜酒如命,他不得不承担起两个弟弟受教育的经济责任并放弃了在维也纳的学习,又到剧院里去弹钢琴、拉手风琴和小提琴。

贝多芬二十二岁那一年,得到海顿的鼓励继续到维也纳深造。住的是破房,练的是租来的钢琴,贝多芬就是在这样艰苦的环境里学习的。

由于他个人的努力,二十五岁的他终于在维也纳的艺术舞台上占有一席之位。他经常以钢琴家的身份登台演出,而且弹奏的都是自己创作的作品,他得到了人们的肯定。

正当贝多芬飞黄腾达的时候,他的耳朵经常发出轰轰乱叫的声音。三十二岁那年他的耳朵彻底聋了。这对于一个搞音乐的人来说,无疑是个致命的打击。

然而,这一切并没有将贝多芬击垮,他还是靠着顽强的毅力创作了大量的交响乐曲和钢琴奏鸣曲,如著名的《命运交响曲》,在这首曲中你可以深深体会到他与命运斗争的豪情。

上帝给了他坎坷的命运,他无法拒绝,但却不代表他屈从,他以顽强的毅力与激昂的斗志牢牢地把命运掌握在自己的手中,活出了精彩的人生!

文/梁锦华

不向命运低头的人

读了上文,我们知道这样的一位无与伦比的伟大的音乐家,他是在磨炼中成长,在坎坷中走向成功的。

很多人经常会对那些音乐家、画家抱有羡慕的态度,认为其取得成功主要是由于上天给予他们高于常人的艺术天分,但当你知道了贝多芬一生的经历后,你会觉得命运常常跟他作对。他的童年在贫困中度过,虽有一个有音乐细胞的父亲,却不能为他提供良好的学习条件,而且还要他肩负着家里的生活负担,可能也是这些苦难造就了贝多芬顽强的毅力和惊人的忍耐力。使他在双耳失聪的时候,依然没有被命运击垮,凭着他敏锐的内心听觉完成了一首首震撼人心的伟大交响曲,这些曲子仿佛在向人们宣告贝多芬是绝不向命运低头的……

贝多芬的一生像其创作的曲子一样激励着沮丧的人们,驱散了人们心里的黑暗,正如我每次心情不好时听到那首他谱写的《欢乐颂》,我都会看到光明,看到美好,"自由女神多么美丽,灿烂光芒照大地,我们怀着火样的热情来到你的圣殿里……"

赏析/李慕莲

上帝只给他一只老鼠

其实，那里也没有什么，只是一只老鼠，
那是上帝给他的，上帝给谁都不会太多。

　　这是一位孤独的年轻画家，除了理想，他一无所有。

　　为了理想，他毅然出门远行，来到堪萨斯城谋生。起初他到一家报社应聘，想替他们工作。编辑部周围有一个较好的艺术氛围，这也正是他所需的，但主编阅读了他的作品后大摇其头，认为作品缺乏新意不予录用。这使他感到万分失望和颓废，和所有出门打天下的年轻人一样，他初尝了失败的滋味。

　　后来，他终于找到了一份工作，替教堂作画。可是报酬太低，他无力租用画室，只好借用一家废弃的车库作为临时的办公室。他每天就在这充满汽油味的车库辛勤地工作到深夜。没有比现在更艰苦的了，他想。

　　尤其烦人的是，每天熄灯睡觉时，就能听到老鼠吱吱的叫声和在地板上的跳跃声。为了明天有充足的精力去工作，他忍耐了。也许是太累了，他一沾着地板就能呼呼大睡。就这样一只老鼠和一名贫困的画家和平共处，倒也使这个废弃的车库充满生机。

　　有一天，当疲倦的画家抬起头时，在昏黄的灯光下他看到一对亮晶晶的小眼睛，是一只小老鼠。如果是在几年前，他会设计出种种计谋去捕杀这只老鼠，但是现在他不，一只死老鼠难道比活老鼠更有趣吗？磨难已经使他具备大艺术家所具有的悲天悯人的情怀。他微笑着注视这只可爱的小精灵,可是它却像影子一样溜了。窗外风声呼啸,他倾听着天籁的声响,感到自己并不孤单,好歹有一只老鼠与他为邻,它还会来的,像羞怯的小姑娘。

那只小老鼠果然一次次出现,不只是在夜里。他从来没有伤害过它,甚至连吓唬都没有。它在地板上做着多种动作,表演精彩的杂技,而他作为唯一的观众,则奖给它一点点面包屑。渐渐地,他们互相信任,彼此间建立了友谊。老鼠先是离他较远,见他没有伤害的意思,便一点点靠近。最后,老鼠竟敢大胆地爬上他工作的画板,并在上面有节奏地跳跃。而他呢,绝不会去赶走它,而是默默地享受与它亲近的惬意。

信赖,往往创造出美好的境界。

不久,年轻的画家离开堪萨斯城,被介绍到好莱坞去制作一部以动物为主的卡通片。这是他好不容易得到的一次机会,他似乎看到理想的大门开了一道缝。但不幸得很,他再次失败了,不但因此穷得毫无分文,而且再度失业。

多少个不眠之夜他在黑暗中苦苦思索,他怀疑自己的天赋,怀疑自己真的一文不值,他在思索着自己的出路。终于在某天夜里,就在他潦倒不堪的当儿,他突然想起了堪萨斯城车库里那只爬到他画板上跳跃的老鼠,灵感就在那个暗夜里闪了一道耀眼的光芒。他迅速爬起来,拉亮灯,支起画架,立刻画了一只老鼠的轮廓。

有史以来,最伟大的动物卡通形象——米老鼠就这样平凡地诞生了。灵感只青睐那些勤于思考的头脑。

这位年轻的画家就是后来美国最负盛名的人物之一——才华横溢的沃特·迪斯尼先生。他创造了风靡全球的米老鼠。谁能想到,在那间充满汽油味的车库里曾经生活过一只世界上最负盛名的影片的祖宗。米老鼠足迹所至,所受到的欢迎让许多明星望尘莫及,也让沃特·迪斯尼名噪全球。

堪萨斯城的那间充满汽油味的车库对沃特·迪斯尼来说,至少要值一百万美元。其实,那里也没有什么,只是一只老鼠,那是上帝给他的,上帝给谁都不会太多。

文/汤潜夫

上帝的馈赠

沃特·迪斯尼创作米老鼠的过程,看似偶然,是他灵感的瞬间显现,但也包含着必然,那是迪斯尼长期执著、艰苦追求理想的结果。上帝并没有给迪斯尼良好的家庭出身,没有给他首战告捷的幸运,甚至连一个优美的创作环境也没有,但上帝却给了他一个可爱的小伙伴——堪萨斯城车库里的一只老鼠。这个看似平凡甚至卑微的馈赠成就了"米老鼠"这个风靡全球的动画角色,从而也改变了迪斯尼的一生。

迪斯尼的故事让我想起了前新加坡总统李光耀的一句话:"你想让上帝给我们多少东西?阳光就够了!"就是这么一句话,鼓励新加坡人利用一年四季直射的阳光,种花植草,在很短的时间里,发展成为世界上著名的花园城市,旅游收入列亚洲第三位。上帝给每个人、每个地区的东西,都不会太多,他只给了牛顿一只苹果,只给了迪斯尼一只老鼠,给了新加坡人一缕阳光……

尽管上帝的馈赠少得可怜,但它犹如酵母,只要你是有心人,就会惊喜地发现,上帝的馈赠是多么丰厚。于是,沉思中的牛顿因那只苹果,奠定了自己在物理学上无可撼动的地位;潦倒的迪斯尼利用那只老鼠,创造了一个价值连城的动画帝国……

在失败和挫折面前,不要埋怨上天对你太不公平,上帝总会启迪你把痛苦转化为奋斗和拼搏的动力。"天将降大任于斯人也,必先苦其心志,劳其筋骨,饿其体肤,空乏其身,行拂乱其所为。"那不是上帝故意折磨你,那是上帝赐予你重新开始的机会。他给予你的,永远都是灵感和勇气,而这些灵感和勇气,只垂青那些不畏逆境而善于思考的人。朋友,你遇到过迪斯尼的那只"老鼠"吗?你抓住属于自己的那只"老鼠"了吗?

赏析/王 嘉

认真地生活和写作

认真地生活和写作，以回答生命。当我写作第一篇作品的时候，就是这样想的，现在仍然。

女作家毕淑敏作为一颗耀眼的新星在二十世纪八十至九十年代的中国文坛冉冉升起。她的"创龄"虽然不过十年，却已发表了二百万字的小说和散文作品，并且还获得了文学硕士学位。代表作品：小说集《昆仑殇》、《女人之约》、《生生不已》、《预约死亡》，散文随笔《素面朝天》、《走出白衣》、《性别按钮》，长篇小说《白色和谐》。此外，还出版了四卷本的《毕淑敏文集》。

偷书看的小女孩

毕淑敏生在新疆，在襁褓之中随着部队工作的父母调往北京。毕淑敏的童年时代充满爱意和阳光。父母健在，家庭和谐，身体健康，弟妹尊崇，成绩优良，老师夸奖，而且一直当班主席、少先队的大队长，"尝过了出人头地的滋味"。她门门功课都是五分，作文尤佳，常常被老师选作范文。不久，"文化大革命"爆发了，学校开始停课闹革命。但校内图书馆却是开馆闹革命——允许借阅"毒草"，条件是每看一本，必须写出一篇大批判文章，毕淑敏在光线灰暗的书架里辗转反侧，连借带偷，每次都夹带着众多的书本蹒跚走出，沉重得像个孕妇。偷的好处是可以白看书,不必交批判稿。但借一本书必须上交批判稿。毕淑敏只好向写出优秀作品的大师们祷告:"对不起啊,为了能更多地读你们的书,我只好胡说一通了。请原谅一个中国女孩的胡说八道。"以后,毕淑敏经常给她周围的同学偷偷地讲自己看过的世界名著:雨果、托尔斯泰、巴尔扎克等人的作品,这是她最早的文学启蒙。

发表在昆仑山黑板上的处女作

她曾幼稚地认为,能当女兵是百里挑一的福气。一九六九年毕淑敏应征入伍,坐了七天火车,十五天汽车来到西藏阿里高原骑兵部队当卫生员。一个年纪轻轻的少女,被命运无可选择地抛到了昆仑山。毕淑敏从灵魂到身体都受到了极大震动。毕淑敏到阿里后,有一件恒久的功课,就是——看山。她用眼光触摸着每一座山的脊背和头颅,痛感大山的永恒和人类的软弱。还没听说什么人到了西藏能不受震撼地原汤原汁地携带着自己和旧有观念返回城市。这块地球上最高的土地把一种对于宇宙和人自身的思考,用冰雪和缺氧的形式,强硬地灌输给每一个抵达它的海拔的头脑。在这里,死亡像一把利刃抚摸着年轻的头颅,活着倒是一种幸运,甚至为自己仍然活着深感愧疚。

有一次,她和一位老军医用担架抬着一个因患肝癌抢救无效而病故的牧羊人,一步一步爬上人迹罕至的山顶,在那里把尸身剖开,引来秃鹫,实施土法的天葬。在这次行动中毕淑敏几乎死去。面对苍凉旷远的高原,俯冲而下乜视的鹰眼,散乱高山之巅的病态脏器和牧羊人颜面表皮层永恒的笑容,毕淑敏明白了什么叫生命,有一种惊心动魄的摧毁与重建的力量。毕淑敏用粉笔在黑板上写了一首小诗,被偶尔上山又疾速下山的军报记者抄了去,发表在报上。那个时代铅字有一种神秘的味道,但毕淑敏却不以为然。因为这不是自己主动的投稿,她从来没有承认这首诗是她的处女作。

我开始写作的时候,已经很老了

毕淑敏终于凭借自己的努力上了大学。在学校的时候依旧门门功课优异,她终于成为一名部队优秀的女医生。后来结婚生子,到儿子一岁多的时候, 她从北京奶奶家寄来的照片上发现孩子因为没有母亲的照料,有明显的佝偻病态。她找到阿里军分区司令,对他说,作为一名军人,为祖国,我已忠诚地戍边十一年。现在,我想回家,为我儿子去尽职。司令员沉吟许久说:"阿里很苦,军人们都想回家,但你的理由打动了我。你是一个好医生,幸亏你不是一个小伙子,不然,我无论如何也不会放你走。"

回到北京后的毕淑敏,在很长一段时间内学烹调,学编织,学着做孩子的棉裤……她极力想把自己纳入温婉女人的模式。因为她自己知道,在她的血管里,经过冰雪洗礼的血液,已不可能完全融化。她开始做准备,读文学书,上电大的中文系。

她几乎是在半地下状态做这些事。在一个很平常的日子,正好毕淑敏值班,没有紧急病人,日光灯下铺开一张纸,开始了她的第一篇小说的写作。毕淑敏说,我开始写作的时候,已经很老,整整三十五周岁,十足的中年妇女了。

两种题材和两种品格

如果从题材选取来看, 毕淑敏一步上文坛就在两种题材区域交互耕耘。一个是由《昆仑殇》所开始的对已成为明日黄花的军旅生活的回顾与开掘。作者一次次地缠绕着死亡的主题,在死亡之中拷问着生命的意义。一个是由《送你一条红地毯》所开始的对正在演变的纷纭的现实生活的扫描与探测。她在两个题材区域交叉作战,创作了具有悲剧体、喜剧体、抒情体、科幻体和新体验纪实体等不同美学风貌和叙述语调的名篇佳作, 并形成了把大悲大悯的胸怀同冷静客观的笔调结合起来水乳交融的艺术特色。

熟悉毕淑敏的人都说, 一个像她那样能写出好作品的人一定有好的人品。毕淑敏的确是一位孝女,她对母亲的照顾与关心,真是人见人感动,她的作品也曾给病中的父亲带来过由衷快乐。

人到中年的毕淑敏从不涂脂抹粉,而皮肤却纯净得像婴儿一样,难怪只有她才能写出《素面朝天》这样的文章来。这不能不说是她对自然之美的感悟和自身修养所致。毕淑敏是一位文品、人品都好的作家，她说："认真地生活和写作，以回答生命。当我写作第一篇作品的时候，就是这样想的，现在仍然。"

文/佚　名

活到老，学到老

　　认真生活，热爱生命，领悟人生真谛，是人类永久探讨的话题。一个人不能仅仅为活着而活着，他应该观察发生在周围的一切，知道自己应该怎样地活，做一个怎样的人。否则，便与行尸走肉没什么区别了。

　　生活是人类最重要的一门课程，人类全部智慧来自生活，每一个人都应该活到老，学到老。只有对生活深层探究，发现更多微妙的社会规律，我们才能变得更睿智，我们的灵魂才能更具魅力。

　　著名女作家毕淑敏的生活阅历很丰富，她热爱生活，在生活中汲取源源不断的力量。她在作品中融入了她对生活的独特见解，作品人物身上往往闪现出人类智慧的光芒，是高尚人格的典型。她的创作事业的成功得益于对生活的思考，并且，这种伟大的人类思考将继续进行下去。

　　朋友，你现在还在为了活着而活着吗？不妨试着从今天起，留心观察发生在你周围的人和事，评价真善美和假恶丑现象。你会慢慢发现，你是多么喜欢人生这门学问。

赏析/李次欢

与黑暗世界的抗争

上帝不会把人逼入绝境,它在关掉一扇
门的同时,会给你打开另一扇窗。

二十世纪,一个独特的生命个体以其勇敢的方式震撼了世界,她
就是海伦·凯勒——一个生活在黑暗中却又给人类带来光明的女性,
一个度过了生命的八十八个春秋,却熬过了八十七年无光、无声、无
语的孤独岁月的弱女子。在她一岁零七个月时,突如其来的猩红热产
生的高烧,将她与外界隔开,使她失去了视力和声音。她仿佛置身在
黑暗的牢笼中无法摆脱。这场大病使海伦失明、失聪,成为一个集盲、
聋、哑于一身的残疾人,她再也看不见、听不见。因为听不见,她想讲
话也变得很困难。由于聋盲儿童没有获取正确信息的途径,心灵之窗
被禁锢造成她性格乖戾,脾气暴躁。万幸的是海伦并不是个轻易认输
的人。

七岁那一年,安妮·沙利文老师来到她的身边,沙利文到海伦家
担任家庭教师的那一天,就送给她一个玩具娃娃,并用手指在海伦的
小手上慢慢地、反复地拼写"d-o-l-l"(玩具娃娃)这个单词。海伦立
刻对这种游戏产生了浓厚兴趣。她一遍又一遍地模仿着老师的动作,
从此开始懂得世间万物都有各自的名字,开始知道自己的名字叫
"HelenKeller"(海伦·凯勒)。安妮悉心地教授海伦,特别是她感兴趣的
东西,这样海伦变得温和了而且很快学会了用布莱尔盲文朗读和写

作。靠用手指接触说话人的嘴唇去感受运动和震动,她又学会了触唇意识。这种方法被称作泰德玛,是一种很少有人掌握的技能。她也学会了讲话,这对失聪的人来说是个巨大的成就。此后,海伦陆续学习并掌握了法语、德语、拉丁语、希腊语。聋盲却能掌握五门语言,海伦的成功被称为"教育史上最伟大的成就"。

海伦的一生致力于残障人的事业。在她的努力下,美国残障人福利事业取得了很大的进展:原先百家杂陈的点字得到了统一;第一个盲人图书馆建立起来了;政府拨款出版点字书籍。

二战结束后,海伦立即前往欧洲,旨在调查战后盲人生活状况,特别是在战争中变成残疾的军人。她呼吁各国政府应立即对这些人开展救济。

从一九四五至一九五五年,海伦穿梭于世界各地,访问过欧洲各国、南非共和国、土耳其、叙利亚、印度、巴基斯坦、日本等国。一九五五年当这位七十五岁高龄的老人, 在讲台上卖力地为争取残障人福利而呼喊时,听者莫不为之感动。正是在海伦坚持不懈的推动下,各国纷纷建立起残障人的福利机构。

海伦的意志品质以及对残障人福利事业的热情, 赢得世人的敬佩。一九五九年联合国召开特别会议对她予以表彰。海伦以其顽强毅力、仁爱之心和卓越成就,铸造了辉煌人生。

文/宋　华

不要被逆境吓倒

关于身残志坚,逆境成才的事例我们已见闻不少:轮椅上的张海迪,扼住命运咽喉的贝多芬,生性口吃却善写文章的韩非子……与黑暗世界抗争的海伦·凯勒是否给了你别样的感动? 海伦失明失聪,集盲、聋、哑于一身,我们都会认为她是一个多么弱小的生命。其实不然,她比正常人更了不起,自己生活在黑暗中却给人类带来了光明。

我想对小朋友说：在生活的逆境中，希望你是一颗咖啡豆。胡萝卜在沸水中被煮得变软变烂，这如人在逆境中一败涂地；鸡蛋在沸水中会变得坚硬，这如人学会了抵挡困境，却变得害怕伤害，从而把自己武装成刺猬与外界隔绝；唯有咖啡豆，它在逆境的洗礼中不仅变得坚强，而且使沸水也变得一如它自己又香又醇，这如人自身变得强大，还改变了环境。

　　上帝不会把人逼入绝境，它在关掉一扇门的同时，会给你打开另一扇窗。发挥你的主观能动性，克服前进路上的障碍，当你做到了的时候，请你去引导别人如何走出逆境，像海伦一样，做一颗咖啡豆吧！

赏析/陈少红

西出无望"东方"红

成功虽然把你前面的门关上了，却同时推开了你身后的门。

　　现任新东方教育集团董事长的俞敏洪当时高考时并不顺利，数次参加，数次落榜。复读时他还要务农、代课，终于在第三次高考一举考取北京大学西语系。毕业后，同学们纷纷出国，他却失败了几次，此后他沉寂了七年。

　　一九九二年，为了四千美元学费，出国受阻但积累了不少代课经验的俞敏洪尝试着开办"托福"补习班。冬夜，俞敏洪拎着糨糊桶、骑着自行车穿行在行人渐稀的大街小巷和灯光点点的大学校园，张贴自己用毛笔书写的"托福"补习班广告。糨糊刚刷上去就成了冰。冷得实在受不了,他就掏出揣在怀里的"二锅头"抿上一口。

广告贴出去后,俞敏洪焦急地等待着。苦苦等了十天后,终于等来了两位报名者。第一期补习班结束后,俞敏洪贴出了免费举办"托福"补习班的广告。

由于他独特的教学方法,前来听课的人越来越多,那年冬天,能坐一千多人的大礼堂一下涌来了三千多人。为了让所有的人都能听到课,俞敏洪将讲座临时改到礼堂外。他站在台阶的一个垃圾桶上,一口气讲了一个半小时。一位学员将自己的棉大衣脱下来轻轻地披在他的身上。

一九九三年,俞敏洪在一间只有十平方米的小屋前挂上了"新东方学校"的牌子,并在这间违章建筑办公室里开始了充满艰难的发展历程。

由于竞争激烈,新东方广告员拿广告去贴的时候,别的培训部就拿刀子在等着你,说你敢贴我就敢捅了你,新东方的广告员是被人捅过的,进医院缝了好几针。

经过这样的摸爬滚打,俞敏洪从一介书生成长为能打理方方面面的合格"校长"。到一九九四年底,学校同期有两千人在读。那时,他又有了出国的机会,但是终究舍不下苦心经营的学校,留了下来。

一九九五年,学生已经达到一万五千人。这个时候的俞敏洪,已不是那个只想赚点儿钱就出国留学的俞敏洪。他终于在绝望的大山中挖出了一块希望的石头,此时俞敏洪已经能够感受到教育产业的魅力。圣诞节前夕,在美国波士顿通往新泽西州的公路上,俞敏洪驾着车在暴风雪中艰难地前行,他要寻求到更多的人才跟他一起打造更大的"新东方"。

七年殚精竭虑,"新东方"已由一个小小的"托福"班发展成为国内最大的出国英语考试及英语学习培训基地,年培训学生超过十五万人次,国外的留学生百分之七十是其弟子。由于俞敏洪对留学教育专业的杰出贡献,被社会誉为"留学教父"。

文/蒋二彪

为他人做嫁衣

"新东方"是国内最大的出国英语考试及英语学习培训基地,想出国留学的人大部分都曾在这里学习过。又有谁知道,新东方的创始人俞敏洪当年曾经出国受阻过。俞敏洪自己不能出国留学,就克服了各种各样的阻挠开办了"托福"补习班,用独特的教学方法吸引了千万学生来听课,让他们能够有效地学习英语,顺利出国留学。这是"为他人做嫁衣裳"的做法,就像一个曾经在一条布满荆棘的路上跌倒的人,挥动斧头,把路上所有的荆棘都砍掉,把拦路石搬开,用自己的努力给别人铺了一条更顺畅的路,而自己也在看到别人实现梦想的同时得到了满足。就是凭着这个信念,"新东方"获得了成功,而俞敏洪由于对留学教育专业的杰出贡献,被社会誉为"留学教父"。

通向成功的道路通常是弯弯曲曲的,并且不止一条。俞敏洪的成功给了我们启发,让我们知道,成功虽然把你前面的门关上了,却同时推开了你身后的门。只要你肯回头看看,凭着个人的努力和不屈不挠的精神,一样能从另一条路走出一个天地。

赏析/韩文亮

第四辑　爱让世界如此美丽

　　我们爱自己的兴趣，我们爱喜欢的朋友，我们爱无私的家人，我们爱伟大的祖国。我们还会爱知识，爱成功，爱爱人，爱一切值得我们爱需要我们爱的所有。

　　如果想让世界充盈而温暖，如果想让世界碧绿而茁壮，如果想让世界滋润而鲜活，光有阳光、空气和水是不够的，还需要我们的爱。而正是我们的爱，把无限的辽阔和虚无的空间，填充得满满当当、温馨美丽……

小星星爱上了这个世界
它喜欢蓝蝴蝶美丽的翅膀
它喜欢小蟋蟀的歌唱
它喜欢河水里闪动的波光
喜欢葡萄藤弯弯的须蔓
它也喜欢花朵的芬芳

老舍的真诚与爱心

也许正是因着对人、对生活的这一份真诚，让老舍对人生有着更深刻的体验，从而能够写出"笔尖上便能滴出血与泪来"的《骆驼祥子》。

下　馆　子

下小馆是老舍的爱好之一。

但是，老舍并不嗜食。按饮食的档次分类，他只能归于"粗茶淡饭"那一类。他的肠胃不甚健壮。在他的眼里，最好吃的：早饭——豆浆油条；午饭——炸酱面；晚饭——酱肘子夹烧饼，还有小米粥。他很能将就，只要能按时吃饭就成。

如此看来，下小馆最多是别人的。这一点，在老舍的许多朋友的回忆中都可以找到根据。像巴金、曹禺、臧克家、吴组缃、新凤霞、萧涤非诸先生，都曾在文章中提到老舍下小馆的事。

在武汉与重庆的时候，老舍全靠写作谋生，生活相当艰难。穿的衣服是用一种叫"自来旧"的布做成的，一下水就一蹶不振，永远难看。吴组缃先生给了它一个雅号，称之为"斯文扫地的衣裳"。即使如此，遇到朋友的来访，老舍总会想出一些词来，到小饭馆一叙，诸如：

"我找到一个北方小面馆，物美价廉，去尝尝吧。"

"咱们还是边吃边聊吧，我认识一家熟铺子。"

"今天我来付钱，谁叫我多少比你们宽裕一点呢。"

有朋自远方来，不亦乐乎，老舍卖掉一身衣服请客的事，也是有的。譬如，老友罗常培先生由昆明来到北碚，老舍便有此举，一时传为佳话。老舍被朋友请饭，也是常事。其中，几乎顿顿都请的事，发生过两次。一次是一九四一年他到云南，遇到了杨今甫、闻一多、沈从文、卞之琳、陈梦家、朱自清、罗膺中、魏建功、章川岛……诸文坛老将，到吃饭的时候每每是大家一同出去吃价钱最便宜的小馆。这些教授当时极穷，外面吃饭请不起，便轮流地把老舍请到家中，或包饺子，或炒几样菜，或烤几罐土茶，一谈就是几个钟头。另一次是一九四六年二月，老舍到上海。根据叶圣陶先生的记载，十五天之内，有叶先生本人参加的为老舍、曹禺作饯的宴会有九次之多，出席者还有郑振铎、许广平、夏衍、胡风、吴祖光、赵家璧、叶以群、莲子等。总之，老舍的人缘极好，出门大家争着给他吃饭，甚至连开车的司机也掏出钱请老舍喝酒。

新中国成立后，老舍有了自己的小院子，他常常把小饭馆的菜叫到家里来。有一次，菊花盛开，他特意请了赵树理、欧阳予倩等好友来赏花。到吃饭的时候，只见一个老伙计提着两个大食盒走进院来。这种大食盒足有三尺直径，呈扁圆状，内分格。打开一看，里面分装着火腿、腊鸭、酱肉、熏鸡、小肚，都不得切成薄片，很是精致。在北京，这叫做"盒子菜"。大家吃得兴高采烈。饭后，桌子一撤，余兴开始，老舍打头，先来一段京戏《秦琼卖马》。赵树理站在屋子中间，仰天高歌，唱的是上党梆子，声音又尖又高，简直不是唱而是喊："清早起来，出得门来，大腿朝后，屁股朝前！"把大家逗得前仰后合。

这样的聚会，一年之中有好几次，不过食品总不会重样，即使常来的客人，也回回都要发出惊讶的赞叹，回回都要刨根问底，打听老舍是由哪儿把它们"变"出来的。老舍尤其注意不要冷淡了那些挨了整的老朋友，他们来到北京，一般都不声张。遇到这种情况，老舍千方百计地把他们找到，郑重其事地邀请一起去吃一顿饭。他精心地挑选饭馆，挑选菜肴，为的是给遭难的朋友一点温暖。见了面，他热烈地同他们握手，根本不谈那些敏感的问题，而是天南海北，做信天游。不出五分钟，朋友的拘谨已经无影无踪，开始快活地笑，快活地说，快活地吃。生活的勇气仿佛又在向他们招手。在那以阶级斗争为纲的日子里，没人敢理这些倒了霉的人，甚至没有人和他们握手。这顿饭，对他们来说，远不是一顿饭，是人情！是温情！是激情！著名演员石挥，著名作家孟超，他们都在危难中吃过老舍的饭，尝过这情的滋味。

给 人 温 暖

文学界有几个很厉害的人，总是锋芒毕露，谁都敢批，胡风先生是其中的一位。胡风先生在晚年时说过一句话："我没骂过老舍！"看来，这很难得，不论是对胡风，还是对老舍。

老舍在胡风的危难之际帮过他的忙。胡风在武汉时是靠卖文、搞翻译、编《七月》杂志为生的。武汉撤退，杂志停刊，胡风一家老小的生活来源便成了问题。胡风曾向老舍求援，要求帮他找一件事做。老舍去求搬到重庆北碚的复旦大学文学院院长伍蠡甫教授，请他聘胡风到复旦去任教，教"创作论"和"日语精读"。当胡风经宜都、宜昌、万县抵达重庆的第二天，老舍将聘书和时间表亲手交给了胡风，救了他的急，使得他得以在重庆立足。

在中华全国文艺抗敌协会中，老舍任总务部主任，胡风任研究部主任，两人合作得很好，结下了很深的友谊。到五十年代初胡风受批判的时候，老舍常把胡风拉到家里来，劝说，开导他。一九六五年胡风被判刑，第二年实行监外执行，但必须到四川成都去落户，胡风大悲，在离京前写了四封信，表示告别，这四位收信人是徐冰、乔冠华、陈家康和老舍。老舍可能是文艺界中唯一的收信人，足见他们之间友谊的笃厚，不同一般。所有这些，大概就是那"我没骂过老舍"的来由。

老舍和作家赵少候是老朋友，早在三十年代他们就合作过，一起著过一篇叫《天书代存》的长篇小说，是《牛天赐传》的续集。老舍还向赵少候学过一点法文。在一九五七年的"反右"斗争中，赵少候也被冲击。有一次在文联大楼里开会，老舍坐在主席台上，赵少候坐在大厅里，他找了最后一排的一个偏座，不想让大家看见。散会之后，大家往外走，只见老舍下了主席台，径直走到赵少候的旁边，当着众人的面，站下来，并不看赵少候，扬着头，眼睛看着前方，双手拄着手杖，慢慢地说:"少候呀,听说'白魁'刚开张,尝尝去!""白魁"是东四的一家老字号小饭馆,很会做几样独特的风味菜。老舍的意思很清楚:咱们还是老朋友!

石挥是中国最有才华的话剧和电影演员之一,可惜的是,一九五七年石挥也遭到了不公正的批判,以后便由舞台和银幕上消失。有一年,老舍突然听说:石挥由上海到了北京,躲在一个什么小旅馆里,不愿见人。他立刻把文联的秘书长请来,让他千方百计要把石挥找到,然后去订一桌丰盛的酒席,邀他赴宴。秘书长费了很大的劲才把石挥找到,向他说明了来意。石挥不肯答应。最后,秘书长只好摊牌,说这是老舍先生布置的。石挥欣然从命,跟着上了车。先到老舍家,老舍根本不提那些政治运动方面的事,让他看花,看画,看猫,说了好多笑话。石挥的情绪一下子就上来了,痛痛快快地听老舍摆布。

文/舒 乙

平淡之中见真诚

看完《老舍的真诚与爱心》一文后,心中强烈的感触是:平淡之中见真诚。

老舍,一个重情重义之人。他是用一颗真诚的心来对待生活,对待朋友的。

老舍即使在生活艰难之时,遇到朋友来访,也总喜欢请朋友下小馆。没钱时甚至试过卖掉一身衣服来请客。也许有人认为老舍是在"充阔佬",自家生计都成问题,却还老喜欢请客。也许有的人认为老舍太傻气了,居然卖掉衣服只为了请客。

然而,我却觉得老舍是一个重情之人。老舍确实生活艰难,也请不起朋友吃贵的,他所请的只不过是小面馆里的一碗面,普通熟食铺子里的一点家常,然而这一碗面,这一点家常却饱含着老舍对朋友的真心。

"有朋自远方来,不亦乐乎"。卖掉衣服请客确实太傻气,然而这傻气却是源于老舍对远道而来的老朋友的真切情意。在生活艰难的日子里,这傻气是否更显得弥足珍贵?有友如此,夫复何求?

人生总会有起落,当你跌落深谷时,当你被冷漠、无情淹没时,一点温情也许足以让你重获勇气与信心。然而当关系到利益与安全之时,人们也许连一声问候都吝于给予。

　　在中国,在那以阶级斗争为纲的日子里,人人自危,对那些挨批判的人,人们常常是漠然以对。"夫妻本是同林鸟,大难临头各自飞",也许是当时最贴切的诠释。

　　而老舍呢?真是一个重义之人。不但不疏远他们,反而更加热情地招待他们,明确表达出:我们依然是老朋友,不会因外界对你们的不公正而否定你们。面对如此真诚,如此重情义的朋友,就算是冷了的心也会重新沸腾起来。也许就是这一份挚情,让他们相信"人间自有真情在",让遭难的朋友重获生活的勇气,重拾信念。

　　也许正是因着对人,对生活的这一份真诚,让老舍对人生有着更深刻的体验,从而能够写出"笔尖上便能滴出血与泪来"的《骆驼祥子》。

赏析/梁红婵

把光明、知识和爱献给他人的人

> 她是不幸的,但她为一个不幸的女孩点燃了一轮不灭的太阳。

　　聋盲人海伦·凯勒成为大作家的事迹得到了许多崇高的赞誉,但她总是说:"我感到我的一切与她是密不可分的,我生活的每一步都是踩着她的足迹前进的。我一生中最美好的也是属于她的,如果不是她用活生生的触摸唤醒我,我是不会有今天的成功、希望以及喜悦的。"

她是谁? 她就是海伦的家庭教师——安妮·沙利文,她也曾经是一个残疾人。她三岁那年就染上了结膜炎,后来眼病越来越重。可是,祸不单行,不久她的小弟弟杰米也因病致残;妈妈又过早离开了人世。爸爸忍痛让亲属约翰·沙利文帮他抚养孩子。最后又因生活所迫,沙利文先生只得把姐弟俩送到马塞诸塞州的救济院去。

进了救济院不久,弟弟杰米的病情日渐严重,最后离开了世界。安妮·沙利文的眼病日益加重,眼睛渐渐看不清东西。救济院内的老妇人对她非常同情,抚摸着她的头,哀叹起来:"可怜的小东西,如果你要瞎了,你就什么也学不到了。唉!"安妮听到这番话,特别是其中的"可怜的小东西"这句话,她忍不住从床上滚下来哭喊起来:"我不要待在这里,我不要待在这里!"但是,她能到哪里去呢?

有一天, 一个代表团来救济院巡视工作。他们也来到安妮的病房,但很快就离开了。安妮只见模模糊糊的人影离开了病房,她禁不住尖叫起来。代表团中有一位绅士回头看见一个盲女正跌跌撞撞地向他们走来,还哭着说:"我想上学! 我想去上学!"一个声音问道:"你叫什么名字?""我叫安妮·沙利文。""来这里多久了?""不知道,我只想去盲童学校。"

几天以后,救济院的工作人员给安妮·沙利文带来了好消息:"参观团的一位先生在这儿,他决定帮助你去波士顿的盲童学校读书。"

一八八〇年十月三日,安妮·沙利文怀着喜悦的心情进了盲童学校。她的学习非常刻苦,非常认真。不久,她学会了用手指和嘴唇进行阅读,学会了盲人书写的一整套方法……

不久,安妮想不到的好事发生了。一天,一位善良的医生看了她的眼睛后,亲切地说:"我认为我们可以为你的眼睛做点什么。你需要进行两次手术,你有可能重见光明的。"经过两次手术以后,安妮终于见到了光明,医生慢慢地为她剪去绷在眼睛上的纱布,安妮突然看见一束光线从窗口射进来,她万分激动,高声喊道:"我看见窗户了,外面有树,还有河流,我能看见它们了,我能看见一切了。"然而,她的视力毕竟很弱。安妮仍是一个半盲的姑娘。

在离开盲童学校前,安妮·沙利文收到了安诺斯校长的来信。校长向她介绍了海伦·凯勒的情况,问她愿不愿意去照顾这个年仅七岁的残疾女孩。安妮想到她自己的悲惨身世,将心比心,知道海伦·凯勒现在是多么需要别人的帮助,需要人们无限的爱与关怀。于是她毅然决定去担任海伦·凯勒的家庭教师,把光明、知识和爱带给她。

一八八七年三月三日,安妮·沙利文来到亚拉巴马的凯勒的家。凯勒夫人情不自禁地说:"感谢上帝!终于有人来帮助我这可怜的小东西了。"安妮听后心中好像被针刺了一下,脸色严峻地对夫人说:"今后不要让任何人再叫她可怜的小东西了。"

打这以后,安妮·沙利文与海伦·凯勒生活在一起,竭尽全力克服困难教海伦拼字母,识生字,还叫她发音,终于创造了人间的奇迹,使盲聋的海伦成为一个大作家。她的那种把光明、知识和爱无私奉献给他人的精神也随同海伦的事迹传遍全世界。

文/佚　名

做个光明使者

安妮·沙利文的身世是悲惨的,但她不希望别人像她那样,被人看不起,所以她用自己的知识,自己的爱心,为黑暗中的人们送去缕缕阳光,照亮他们的人生之路。

海伦·凯勒是不幸的,因为她是残疾的;但她又是幸运的,因为她遇到了那么好的老师。在黑暗的时刻,在无声的世界里,安妮·沙利文把光明带给了她,把声音传给了她,使她在一望无际的沙漠里找到了绿洲,找到了生活的信心,感受到了人世间的温情。作为老师,她为海伦·凯勒燃起了生活的火炬,指明了一条通向光明的康庄大道。

老师,是社会上最值得尊敬的人,他们为培养祖国的花朵,尽职尽责。当你感到迷茫的时候,他们会为你拨开迷雾;当你遇到难题的时候,他们会为你解答释疑;当你对学习失去热情时,他们会激发你的兴趣,为你架起一条通向成功的

桥梁……他们无私奉献,把自己的知识、人生感悟一点一滴地传授给学生,不求索取,不求回报,只希望自己的学生将来有出息,能为国家多做贡献。

赏析/李林荣

把学校背上山的校长

认定目标,坚持到底,就一定能走向辉煌,走向胜利。

让山村孩子看到希望

一九九三年秋天,后坪乡中心小学的骨干教师刘恩和调回了自己的母校茨坝村小学,担任校长。

二十多年的光阴,给这所山村小学留下的唯一的变化,就是学校更加破烂了。学校没有围墙,没有宿舍,没有操场,仅有的几间教室,也是偏偏倒倒,四壁通透。外面下雨教室里就成烂泥塘,外面下雪课桌上就水淋淋的,房梁檩子腐烂得随时都可能掉下来,课桌板凳全是断胳膊瘸腿,黑板斑斑驳驳、坑坑洼洼。最难堪的是,一百多人的学校,却没有一间厕所,要解手,就只有按性别分批轮流,到附近的树林里解决。

看着娃娃们在这样的条件下学习,刘恩和这个四十四岁的汉子,忍不住流下了酸楚的泪水。

木匠老师刘恩和,又成了茨坝村小学的木匠校长。他日复一日、年复一年的修理,虽然可以改善一下学校的破烂状况,但终究不能从根本上解决问题。"修一座像样的教学楼"成了刘恩和心底的一个夙愿。然而,在连温饱都不能解决的贫困山区,刘恩和的这个夙愿,只能是一个幻想。

一九九六年初,刘恩和心中的幻想,终于有了变成现实的一点儿希望:世界银行贷款资助中国贫困山区修建学校的项目下来了。刘恩和找到乡文教办领导,想争取在茨坝村小学立项。但由于茨坝村小学自然条件不符合有关要求,领导提出了这样一个条件:必须自筹一万元匹配金,十天内全部交清。若办不到,项目就只能落到别的学校了。

刘恩和狠狠地点头:"我一定要办到!我五天内先交一半定钱,十天内全部交清!"

然而,这件事做起来太难了。一万元钱,对刘恩和来说,绝对是个天文数字。在这人均年收入只有四百元的贫困山区,在这么短的时间内,到哪儿去筹集一万元啊!

他到信用社去贷款,但村级小学不是独立法人,不能贷。他就用工资和住房作抵押,以个人名义贷。而个人贷款只能贷三千元,他就把家中所有的钱凑起来,凑了一千元。当时他的月工资是一百一十元,一千元钱就是他九个月的收入。最后,定钱还差一千元,刘恩和便想到了家中仅有的一笔存款。那笔一千三百元的定期存款,是全家人多年省吃俭用存起来以防不测的。三年定期还差两个月就到期了,此时的刘恩和已不顾提前支取的利息损失,咬牙取了出来。

五千元的匹配金交了上去,还差五千元,刘恩和已经想不出任何办法。他找到了村支书田景钊,要求发动村民集款。然而,由于去年村里刚刚集资修电站,村民们都有上当的感觉,大家都怕再吃亏。这一次,大家要求刘恩和做担保。刘恩和说:"我用房子和牲畜抵押,事情黄了,你们扒我的房子,牵我的猪和牛!"就这样,总算将五千元凑齐,终于争取到了这个项目。

真情让施工队长动容

世界银行贷款八万元,加上匹配金一万元,共九万元。这个项目

的要求,是按照上面统一的图纸,修六间教室。刘恩和动了心思,打算多修两间,一间做图书室,一间做实验室。而茨坝村"三不通",所有建材只能运到十几公里以外山下的石界村,要花钱请人背上来,用的水也要到几里以外的河里去背。算下来九万元钱根本不够用。

这样的赔本工程,根本找不到愿意承建的施工队。乡文教办先后找了三个施工队,都没有人愿意接。刘恩和决定找董长兵师傅试一试。董长兵长期在后坪乡包工,与刘恩和比较熟悉。刘恩和便翻山越岭找上门去。

然而,董长兵也是头摇得像拨浪鼓,这样赔本的买卖谁愿干呢?刘恩和拿出了"三顾茅庐"的劲头,每次离开时,都留下一句话:"董师傅,我还要来找你。"

最后,董长兵说:"刘校长,我仔细算了,你那个工程,我至少要亏三万,你再想办法追加一万元吧。"

刘恩和见有希望,忙说:"行!董师傅,追加的一万,我私人给五千,另外的五千,我用劳力抵。你放心,凡是我们能做的,我们都自己做,建材我们负责背上来。我也是木匠,除了上课、吃饭、睡觉,我全部时间都给你打下手,我们学校的教师也是随喊随到。我们尽全力缩短工期,尽量减少你的损失。而且,我立下字据,就是几年的工资不要了,这五千也绝不会黄了你的!"

只有抬不动的山,没有请不动的人!董师傅的眼圈红了:"刘校长,你自己都投了那么多钱进去,而且这把年纪了,还翻山越岭跑了那么多趟来找我。这个工程亏本我也接!我要是还不接,我就不是人啊!"

刘恩和把董长兵感动了。董长兵反过来也把刘恩和感动了。

"背篓校长"把学校背上山

从石界村到茨坝村十几公里的崎岖山路上,每天的早晚,都能看到刘恩和背钢筋水泥和石灰的身影。满脸的皱纹,花白的头发和胡子,挂着竹竿,弓着腰杆,紧咬牙关,一点一点地挪,一步一步地走,风雨无阻。

贫困的山区,人们每天只吃两顿饭。每天夜里,刘恩和就煮好一锅土豆,第二天带在身上,边走边吃,这就是他的早饭。他要赶在上课之前背回来一趟,绝对不能迟到。下午放学后又去背一趟,回家后才能吃晚饭。

那个在山路上身负重荷,艰难前行的身影,逐渐打动了山民们。山路上,同样身负重荷的身影越来越多。到后来,全体山民都出动了。

背建材历时四个月,刘恩和磨破了五双胶鞋。仅他一人,就背回来十七吨多,行程达两千多公里。有一次,他背完水泥后累得回家倒在床上就睡了,第二天起来,才想起昨晚上忘记了煮土豆。路上没有早饭吃,背完建材又上了一整天的课,课刚上完,刘恩和就昏倒了。

八月底,两层的教学楼修好了。仅仅几个月的时间,还差两年才五十岁的汉子刘恩和,头发和胡子就全白了。人们都说,"背篓校长"刘恩和的家是最贫寒的,而他的学校却是最现代的。

永久的无私资助

现在,刘恩和的月工资是一千零四十一元,这在贫困山区算是很高了。但他却一直省吃俭用地生活,从来没穿过皮鞋,从来没穿过毛衣,甚至从来不抽烟、不喝酒。他说:"我省下一百块,就可以资助一个贫困生,说不定就能改变一个山里娃娃的命运哩。"

刘恩和把自己工资的百分之八十都贴给了贫困娃娃,而且把他这些年获得的国家、省、地、县的各种奖励共十几万元奖金,也全都用来建学校了。二十多年来,他资助过四百多名贫困生。八十多个面临失学的孩子在他的资助下,考上了大中专院校。茨坝村这个贫困山村的儿童入学率、巩固率、毕业率都达到了百分之百。而他自己的儿女却无力支付学费,是靠贷款和借钱完成学业的。

为了留住教书的人才,刘恩和又开始谋划修建教师宿舍。这期间,他只请了一个师傅。他自己既是木工,又是泥水工,更是搬运工。甚至拿出了准备给女儿出嫁用的木料,总共修建了十四间教师宿舍和一间食堂。

二〇〇二年,铜仁地区表彰了刘恩和,他用奖励给他的二万元修

了学校的篮球场。二〇〇三年,省里表彰了刘恩和,他用奖励给他的五万元再加上自己节省下来的工资八千元,在原来的两层教学楼上,又加盖了一层,还修了学校的水泥地面和花坛。二〇〇三年,省里又拨给他十万元,他修了学校的大门和围墙。这期间使用的钢筋、水泥、石灰等材料共计六十多吨,也是大家去背回来的。刘恩和除去上课的时间,照样去石界村背建材,去山上打石头,在工地上唱主角,不减当年。

这时候,刘恩和已经五十四岁。

文/侯黎风　梅伯青

坚持就是胜利

在连温饱都不能解决的贫困山区,要建一幢现代教学楼,那几乎是一个神话。但刘恩和却把这个神话变成了现实。他起早摸黑,历时四个月,风雨无阻,在十几公里的崎岖山路上背了十七吨多的钢筋水泥和石灰。他的这种坚持与毅力,打动了许多人,使一所当地山村最现代的学校建立了起来。所以,只要工夫深,铁棒也能磨成针。

生活中,有些东西看起来是不可能的,是很难实现的。你如果没有坚忍的毅力,轻易地放弃,那么,这种不可能将永远存在。但你如果能持之以恒地去为之奋斗,那么,最终会创造奇迹,见到胜利的曙光。黄山迎客松咬定贫瘠的山崖,最终亭亭玉立,风姿绰约,威名远播。认定目标,坚持到底,就一定能走向辉煌,走向胜利。

其实,无论在什么时候,我们不要低估自己的能力,只要我们有坚持到底的勇气和毅力,一点一滴地积累,一步一步地前进,生命的花朵一定会在春天的某个角落悄然绽放。

赏析/李林荣

他让我们闻到太阳的味道

马骅圆满了，他的灵魂已经融进了梅里雪山。

二〇〇四年六月二十日十九时三十分，云南德钦梅里雪山下，明永冰川景区公路距澜沧江桥不到三百米处发生一起车祸，从北京前来明永村义务支教的志愿者马骅老师与一个藏族老人被抛入滔滔的江水中。

马骅，天津人，一九九六年毕业于复旦大学国际关系学院，先后在上海、北京等地工作，曾任北大在线经理，他还是一位诗人。二〇〇三年春节后，他作为一名志愿者独自到明永村做乡村教师。

新派青年来到明永村

马骅是二〇〇三年二月底的一天来到明永村的。

明永村的村长大扎西回忆，"前年下半年，从我们村出去的、在县城旅游局工作的扎西尼玛跟我说，有个名牌大学的大学生想来我们这里教书，还不要报酬。我当时高兴极了，这是多好的事情啊。但冷静下来后觉得这事不可能，你想想看，放着大城市里的好生活不过，要到这里来，而且还不要报酬，可能吗？"

大扎西的怀疑是有理由的。明永村位于滇藏边境的梅里雪山脚下的明永冰川景区内,隶属于云南省迪庆藏族自治州德钦县云岭乡。虽然美丽的梅里雪山吸引着不少游客,但要到达这个地方实属不易。天气好的话,从云南大理到德钦县城也要在险要地段的九曲回肠山路中爬行整整十个小时,而从德钦县城到明永村还有三个多小时更危险的山路。马骅对这段路曾有过描述,在他给朋友的信中说,"有的路段全是山上滑下的碎石子,脚下一不小心就有掉到澜沧江漂至越南的危险",而且"到夏天,雨季时,公路太容易塌方,不但麻烦,而且危险"。因为到达明永村困难,所以,这个藏族小村庄与外面相对隔绝。

"没想到,离开学还有一个星期时,嘿嘿,他真的来了!"到现在,大扎西还觉得不可思议。"我问他,你为什么要到这里来?他当时的表情很平常,没有一点点能让我想得起来的地方,他的回答我也记不清楚了,大概是说,帮助一下这里的孩子们。"

缘何来明永村已成谜

迪庆藏族自治州的记者同仁们曾有过解开这个谜的机会,但那次采访留给他们的却是尴尬。

与马骅同在明永村小学任教的藏族老师里青回忆说,大概是今年三月,州里的记者们不知从哪里得知明永村来了一个支教志愿者,就前来采访他。

"我从没见过这么躲避采访的人,就好像他做了一件坏事。记者来明永村,他就跑到德钦村,记者追到德钦村,他又回到明永村。后来,记者终于在他下课时堵住了他。我以为他总该说些什么了吧。没想到,记者问了他一堆问题,他要么不说话,要么应付一两句。我记得记者笑容可掬地问他这么年轻来免费支教,以后老了怎么办,有什么打算等等,可能记者希望得到积极一点的回答,可他却说没想过,没什么打算。后来我问他为什么不搭理记者,他说,解决不了什么问题。"里青说到这里,摇了摇头,"我不明白他所说的问题是指什么……他真是个难以捉摸的人。"

而马骅的藏族朋友、在明永村长大的诗人扎西尼玛说,马骅决定来位于滇藏边境的明永村教书并不是一时冲动，"因为早在二〇〇二年九月，我就把村长大扎西同意他来这里教书的意见转告他了，而他是二〇〇三年二月到来的。所以我认为，他应该经过了半年左右的准备。"

引荐马骅来明永村的北京朋友朱靖江说："二〇〇二年上半年马骅让我帮他找一个偏僻的地方教书时，他的想法很简单，就是想过一段淳朴自然的日子，让内心宁静下来。我了解他，他是那种比较侧重自己内心感受的人，很感性。"也有人说，马骅是因为爱，或是要寻找生命的价值。

但马骅的另一个朋友说，不管他的本意是什么，他希望这段云淡风轻的日子只是他心灵和精神的调整期而不是走到最后。因为他还打算七月中旬回到城市，为考复旦大学中国古代思想史研究生作准备。

村庄沉浸在悲痛中

记者走访了这个村庄的十几户人家，有住山上的有住平地的，有干部有群众，有贫有富，有老有少……令人惊讶的是，他们无一例外地这样评价马骅："马老师是个大好人，他走得太可惜了。我们非常尊敬他。"

学校附近的酒店老板阿亚初中毕业，当过兵，曾多年在外跑生意，他说他见过很多城里的文化人，就没见过像马老师这样"纯白、无丝毫矫情"的城里人。

"马老师来这里一年多，我跟他说过的话加起来不到三句，但我从心底里敬佩他，因为我亲眼看到过两件小事。一次，马老师和两个朋友在店里吃饭，茶杯上爬满了苍蝇，一个似乎是来自城里的朋友总在赶着这些烦人的、无处不在的小家伙，但马老师对这些熟视无睹，端起茶杯就喝。"

"还有，去年的儿童节，马老师带着村里的小孩到明永冰川玩耍后下来，当时太阳很毒，马老师在我家对面的小卖部买了一瓶很大的'奥得利'饮料，让孩子们轮流喝，孩子们轮流喝了一圈后，他一点也不嫌弃,拿起瓶子就大口大口地喝。"阿亚说,"一些小孩流着长长的绿鼻涕,就连他家大人可能都会嫌弃。当时我和附近的几个村民看到了这一幕,纷纷感叹,像这种事我们村民都做不到。"

村民们谈得最多的还是马骅到明永村来的主要工作——教学。"刚开始,因为他不会说藏语,他只能教听得懂一点点普通话的四年级语文和英语,一个学期后,他主动要求加上二年级的语文课。"藏族老师里青说,"去年四月,他看到村子里的外国游客增多,而为游客牵马挣些脚力钱的小伙子们却不能用英语跟外国人交流,于是他义务办起了夜校——英语口语培训班。"

尼玛说,英语口语培训班每个星期一至星期五晚上开课,风雨无阻。

"马老师曾对我说,只要还有一个同学在听,他就会教下去。"尼玛眼里含着泪花说,"我们已经学完了与外国人谈牵马生意的基本对话。"现在,尼玛开始能自信地跟外国人交流了。

面对记者"为什么喜欢马老师"的提问,十九个孩子做出了形形色色的回答。

次仁拉木说:"马老师讲课很仔细,为了让我们能听懂,他上英语每天只讲四个单词,直到我们弄懂为止。"

思那次里说:"马老师就像父亲一样,他给我们买作业本,不要我们的钱,还在节日里带我们去旅游,给我们拍合影和单人的照片。以前的老师从没有这样做过。"今年六一儿童节,思那次里等十一人已经到云岭乡小学上五年级了,"可马骅老师还是到四公里外的云岭乡小学去看我们,还带去了好吃的糖果。"

鲁茸达瓦说:"马老师经常教给我们不一样的东西。他在六月一日带我们到附近的景点——明永冰川玩,告诉我们这是六一儿童节,在下山的时候教我们捡一些卷纸、塑料袋、塑料盒子等等,他说,这些东西会弄脏美丽的梅里雪山。而这些,以前我们根本就不知道。"

他还带领同学们盖了学校洗澡室。美国大自然保护协会给村里送了几个太阳能热水器,村里分给了学校一个,马骅带领学生到河边和山上背石头,要水泥,买青砖,耗了两个星期的时间为学校盖了两间分男女的洗澡堂。

冰河说:"我们原来一个星期顶多洗一次澡,而且没有自来水,只能坐在大桶子(当地洗澡的容器)里洗。建好洗澡堂后,每天我们放学后就能洗澡,温暖的水从水管里流到我的身上,我都能闻出来里面太阳的味道。"

大扎西听着孩子们对老师的回忆,忧郁地说,这么好的老师以后可能再也找不到了。

他找到了精神家园

马骅做了很多,可却没有拿村里一分钱,村子的人很过意不去。村长大扎西说:"去年六一儿童节前,我们把家长召集起来,明永村全村五十多户人家非常主动地捐了五百多元,给他改善生活,可他却将这五百元连同他北京的朋友寄来的五百元一并捐了出来,为学校购买图书、教育教学用具。"

明永村没有集市,所有的日常生活用品必须到县城购买,碰到教学任务重的时候,他几个星期都难得吃到一顿新鲜的菜,他曾经跟朋友调侃,"肉刚买来的时候还新鲜,放了两天之后就开始发臭。刚开始的几天不适应,一天要跑好几趟厕所。现在已经无所谓了,倒是觉得有点发臭的肉炒出菜来有股火腿的味道。"

弹尽粮绝的时候,他只有靠方便面度日。有时一吃就是好几天,到了冬天,没有取暖设备,他蜷缩在被窝里避寒。他生活的艰苦在给朋友的信中写到:"我每两个星期会进城一次。这里离县城大概要坐近三个小时的车。碰到下雨塌方可能就没车了。进城的感觉还是不错,可以买点东西,上个网,最关键的是可以洗个澡。所以,朋友们,你们每次收到我的信,肯定是我心情很好的时候,因为我刚刚洗了两星期一次的热水澡。"

尽管这样,马骅一点儿也不觉得苦,反而觉得很幸福。朱靖江说:"他去年借出差的机会来看过雪山下的马骅。"那天,我们在马路边坐了一个下午,看云彩和冰川的变化。他说他现在很幸福,我看着他高兴的样子,觉得他已不像是以前的'在路上'的状态,而已找寻到了精神的家园。我原以为他跟我一样,仅仅是背包一族,那次见了他以后,觉得他比我和很多朋友都更进一层,更有精神上的追求。"

马骅在给朋友的信中也表达了这种感悟:"七月十日下午五点多,所有科目的考试都结束了,我和学生搭车回村。车子在澜沧江边的山腰上迂回前进,土石路上不时看到滑坡的痕迹。江风猎猎吹着,连续阴雨了一个月的天气突然好起来。落日在雪山的方向恍恍惚惚,神山卡瓦格博依然躲在云里。挤作一团的二十多个学生开始在车里唱着歪歪扭扭的歌。薄薄的日光时断时续地在车里一闪即过,开车的中年男人满脸胡荐儿,心不在焉地握着方向盘。学生们把会唱的歌基本全唱了一遍,我在锐利的歌声里浑身打战。"

"有一个瞬间我觉得自己要死了。这样的场景多年以前我在梦里经历过,但在梦里和梦外我当时都还是一个小学生。《圣经》中的先知以利亚曾在山上用手遮住脸,不敢去直面上帝的荣光。在那个时刻,我突然想起了遮住自己面孔的以利亚,我觉得自己不配拥有这样的幸福。"

引荐马骅来明永村的朱靖江说:"他的生活以这种方式结束,未免太让人遗憾了。"而藏传佛教的虔诚信奉者斯那伦布却认为,马骅圆满了,他的灵魂已经融进了梅里雪山。

文/李湘荃

给梅里雪山带来阳光的老师

太阳对人们来说是很重要的,它给我们带来了光明和温暖,驱散了黑暗和寒冷,让万物生长,给我们带来希望。妈妈常会在冬天太阳出来的时候晒被子,晒完后盖在身上,一种暖暖的说不出感觉的馨香让人安然入睡,那就是太阳的味道。

复旦大学的毕业生马骅自愿到与世隔绝的藏族小村庄明永村来教书。在性情上,他纯白、无丝毫娇情,很快适应了藏族的生活;在教学上,他尽心尽力地教孩子,还为那些为游客牵马挣些脚力钱的小伙子们开了英语口语培训班,风雨无阻地上课;在工作之余,他带领着他的学生们为学校盖了洗澡堂,像父亲一样对待孩子,还带他们去旅游,让孩子们也过上儿童节,还在雪山上捡起会弄脏美丽的垃圾;在生活上,他却简朴节俭,从来不要求一分钱的回报……这样无私的人,又怎么能不让人肃然起敬呢?他来到这个边远的小山村,没有带来任何的功利,却给梅里雪山带来了阳光。藏族的人民,还有他的学生,还有美丽的梅里雪山,永远记住了马骅,因为他让他们闻到了太阳般温暖馨香的味道。

赏析/韩文亮

做一辈子志愿者

我会永远站在志愿者的队伍中,时刻准备着。

冯艾,上海复旦大学社会学系研究生,先后赴宁夏回族自治区西吉县白崖乡中学、云南省宁蒗彝族自治县战河乡中学支教。曾荣获"中国青年志愿服务金奖"、"中国十大杰出志愿者"称号和"中国青年五四奖章"。

和冯艾交谈,让我一再地有种错觉——似乎自己是在和一位长者对话。然而,那张被西部阳光晒得黝黑的脸上时而闪现的纯真而俏皮的笑容又提醒我:她,也只不过是一位刚刚二十多岁的女孩子。

我将这种感觉告诉冯艾,她爽朗地笑了:"来西部吧,那是一个能够让人快速成长起来的地方……"

以平常心,做志愿者

其实,当初本科毕业决定去宁夏西吉县支教,我是多少带着一些浪漫主义和英雄主义情怀的。记得到了西吉县的第一个晚上,我和同去的女生坐在土炕上,看着窗外大西北幽蓝广阔的夜空,谈着即将开始的新生活,感觉自己就像是一位无私无畏的勇士来拯救这里受苦受难的人们。我们被这种感觉激励着,兴奋得难以入眠。

只是我的关于"勇士"的浪漫幻想很快就在严峻的现实面前变得苍白。当我发现一位高二的学生连二十六个英文字母都背不全的时候;当我看见那些学生在自习课上打扑克的时候;当我看见当地有些老师迟到、早退,对工作不能尽职尽责的时候;当全班有一半的学生辍学的时候,我真急啊,然而更多的却是无奈。

我不得不调整自己的心态,让自己接受志愿者只是普通人,普通人的力量是有限的,然后平静下来,脚踏实地地从每一件小事开始做起。

我首先要面对的是学生学习基础极差的问题。哪个连二十六个英文字母都背不全的学生,我让他每天放学后来我的宿舍补课,从"ABC"开始补起。有一次补完课天已经黑了,我不放心他一个人走那么远的山路回家,就独自去送他。结果回来的时候,我却迷路了,而天又刮起了大风,我一个人在黑黢黢的风声如吼的山里转呀转呀,又急又怕。这时候我看见远处有三三两两的火把亮了起来,听见有许多人在呼喊我的名字——原来是校长带着村民还有学生上山找我来了。我一下子哭出了声,哭得像个孩子……这位学生的英语成绩从最初的八分到二十八分再到四十八分,这点点滴滴的进步让我感到非常欣慰。

让我最忧心的是学生辍学的问题。每天早晨走向教室的时候,我心里都会有隐隐的害怕:今天不会又有哪个学生不来了吧?有一次去一位贫困学生家里家访的经历让我很难忘,当我脱鞋上炕的时候,学生的母亲看着我的皮鞋对孩子说："娃儿,你要好好读书,长大了就能穿上皮鞋了!"

那双皮鞋是我在县城花了三十九块钱买的,但就是这样一双皮鞋,却是一位西部母亲一辈子的心愿! 面对这样的家长,我不忍心说"您孩子这学期的学费还没交呢"! 我所能做的只有不断地将自己微薄的工资拿出来,尽可能让学生在学校里接受教育的时间久一些,再久一些;只有不断地给我的家人、同学、朋友写信,请求他们资助贫困学生。结果,搞得我的朋友们都说:"冯艾,一看见你的来信,不用看内容,我就知道得掏腰包了。"

曾经有人问过我:"冯艾,西部有那么多上不起学的孩子呢,你帮得过来吗?"每当这时,我总喜欢讲这样一个故事:有一个人,坚持在退潮之后将那些搁浅在沙滩上的鱼儿捡起扔进海里, 有人笑他傻:"沙滩上有成千上万条搁浅的鱼儿呢,你捡得过来吗?"这人说:"我捡不过来,但对于被我捡到的那条鱼儿来说,它会因此获得生命。"

是的,就是这样,只能是这样——一个人一个人地帮,一件事一件事地做,也许一批志愿者并不能改变什么,但我坚信,一批又一批志愿者的漫长接力,一定会给西部带来惊人的变化!

其实,我的收获更多

当志愿者的经历,让我变得快乐和充实。这种快乐,是那种穿上一件漂亮衣服、吃了一顿好饭的快乐远远不能比拟的。它来自于别人的生命, 因为我的参与而有所改变的事实——我当年的学生中已经有九位考上了大学。不要小看这九位学生,他们就像是九粒希望的种子,总有一天会在大西北贫瘠的黄土地上幻化成绿草如茵!我也不再像以前那样总是质疑人生的真正意义, 时不时感觉到莫名的茫然和空虚了。因为一想到还有那么多眼巴巴等待着帮助的人,我就急得不得了,恨不得一天当成两天过,根本没有时间去空想什么人生的意义了。

我也变得坚强了。这份坚强, 是西部的孩子和老百姓所给予的——宁夏西吉县那个地方,曾被联合国认定为"不适合人类生存的

地区"，老百姓曾经连续十年颗粒无收，但是他们还是顽强地生活在那个地方，和自然、贫困做着不屈不挠的斗争。那些孩子，每天都要天不亮起床，割完草、喂完羊，再走上二十几里的山路去上学……和我们这些志愿者比起来，他们才是真正的英雄！

在西部支教两年，我付出了时间、金钱和精力，而我得到的，却是无价的精神财富，它们会对我的一生产生深远的影响。

也许将来，我不会再有机会去西部支教了，但我认为，志愿者是在哪里都可以做的，比如现在我参加义务献血、报名捐献骨髓和角膜。我甚至想，将来，等我老到那儿也去不了的时候，我还可以将社区里的老人组织起来做一些力所能及的事，为年轻人减少一些后顾之忧——想想那该多有意思啊！

我会永远站在志愿者的队伍中，时刻准备着。

文/飘　飘

做有意义的事

人生的价值是什么呢？人生价值就是做有意义的事，为社会、为人民献出自己的一份力量。在西部支教两年的冯艾，经历了不少的困难，付出了不少的时间和精力，但是这种经历使她变得快乐和充实，得到了无价的精神财富。她尽自己微薄的力量去帮助西部贫困地区的学生，因为她坚信自己做的是非常有意义的事，是在为实现自己的人生价值而奋斗。

人，活着就要活出自己的价值。你可以不轰轰烈烈，但一定要尽自己的能力去做你想做的事情，实现你想实现的东西，努力达成你要达成的目标。其实，人生最大的价值就是懂得付出，去帮助你可以帮助的人，为有需要的人付出才是人生最大的快乐。

一个人的能力是有限的，不可能帮得完所有需要帮助的人，但只要我们尽心尽力，就已足够。"赠人玫瑰，手留余香。"

不错,在我们帮助别人时,也会得到别人的尊重。

活着,不单单是为自己活着,还要为他人谋幸福,为社会多做贡献而活着。这才能体现出一个人的价值。

赏析/李林荣

善良让她如此美丽

她从事着世上最高尚的事业,得到的却是最卑微的待遇。

十二年前,袁敬华站在自家低矮的房门前,看两个聋哑姐妹往学校方向走去,不久又走回来,如此反复。她尾随而去,发现了真相:钟声响过,别的孩子进了教室,这两姐妹就趴在窗户上往里看,之后便落寞地往回走。原来,学校里不收聋哑孩子。这一发现牵动了袁敬华心底最善良的神经。她呆呆地站在那里,难受一阵紧似一阵。

其时,袁敬华高考落榜,老师同学鼓励她再复读一年,家人已经在县城给她找好了工作。但是两姐妹蹒跚的背影突然占据了她的脑海,无论如何也挥之不去。她出人意料地作出了第三种选择:教这对聋哑姐妹读书。

她理所当然地遭到了家人的反对。"这样做,你的前途在哪里?"父母问。

"我不要什么前途,只要她们有书读!"她的态度十分坚决。一边说着,一边在自家厨房里摆上了三只小板凳。十三岁的陈海霞、十二

岁的陈海彬聋哑姐妹俩,平生第一次背上书包,欢天喜地来上学了,老师同学各就各位——如今闻名遐迩的山东省夏津县精华聋儿语训学校就是从这三只小板凳起家的。这是一九九二年九月。

十七岁的姑娘善良又单纯,袁敬华想到自己轻而易举就接受了高中教育,身体健壮,精神健康,花儿一样在阳光下成长,由己及人,她想让聋哑孩子也能嗅到知识的芬芳。帮助残疾儿童是全社会的责任,没人分派,袁敬华就把重担揽到了自己稚嫩的肩上。

善良从眼泪里品出甘甜

办学伊始,袁敬华只用手势跟学生交流,但发现事倍功半。于是,她突发奇想要让她们开口讲话。她从发音入手,先让孩子看她的口型,再让孩子摸她的鼻子,再摸她们自己的脖子,感觉发音时声带如何振动。她没有丝毫经验,只能摸索着前进。二十多天过去了,没人开口说话,袁敬华着急,她跑到村子外的土丘上哭了好几次。

"从小这俩孩子就聋了哑了,人家大医院都不能治,你个半大孩子就能行?"父母对此一直充满怀疑。袁敬华没有气馁,继续教她们摸脖子。"我不知道到底会怎样,可我知道不做就注定没指望。"

一个多月后,两姐妹先后都开了口。袁敬华喜出望外。她赶紧把两个孩子领到父母面前,她们拉着两个老人的手,一遍遍喊"爷爷、奶奶"。袁敬华的父母被感动得流泪了。

原先堆满锅灶、柴火的十二平方米的厨房,很快被父母清理干净,成了正式的教室。父亲找来一块三合板,她用毛笔蘸着红漆在上面工整地写上:夏津县渡口驿乡三屯村聋哑学校。父母帮她挂到了大门外。

两姐妹的开口,父母的支持,让袁敬华有了底气。

她到附近村里去劝解、说服,又"求"来了五个聋哑孩子。日子在一天天向前推进,孩子也一个接一个地张口说话。越来越多的家长带着孩子来了,如果说最初的三十个孩子都是袁敬华"求"来的,第三十个之后则都是自己求上门来的。到一九九五年,袁家院子里已经有了四十五个孩子。孩子们要吃要住要学习,发面的盆升级成最大个的瓷盆。袁敬华和她母亲每天要揉五十多斤面粉，蒸一锅锅热腾腾的馒头；床铺渐渐不够用了，寒冷的夜晚，袁敬华搂着几个孩子睡在塑料布搭成的草棚里，一遍遍给他们盖被子。学生多，厨房盛不下了，父母想法又盖了一间小东房。每个孩子一年六十元的学杂费常常令袁家捉襟见肘。家中几亩地的收成一年年都贴进了学校。每年年底，袁敬华还要算计着明年得再养几头猪，才能够还上欠债给学生添点新学具。

这个农家妹子不怕吃苦，也舍得吃苦，想想孩子的笑脸，家长的欣喜，不苦哪知什么是甜？

将善良进行到底

虽然父母理解了她的选择，但村里人并不理解。每当她从街上走过，背后都有人指指点点地叫她"哑巴老师"，还说她家里养了一群小哑巴。年少的她忍不下这口气，与他们据理力争：哑巴不是孩子们的错误。再说现在他们已经能说话，即使能说一个字也不叫哑巴。口舌之战尚属小事，最可怕的是到了二十六岁，还没有人上门为她提亲。

她从事着世上最高尚的事业，得到的却是最卑微的待遇。

很多时候，袁敬华只是需要一句肯定的话语。但突然发现，人们都很吝啬。从一九九二至一九九七年六年间，没有任何上一级组织光顾过袁家小院，当然了，袁敬华也就不可能听到什么认可和肯定。不要说这只是一个二十岁左右的姑娘，即使再成熟的人也难免委屈、彷徨。

在那些漫漫长夜里，袁敬华长时间地看着熟睡中的孩子，心里默念道："孩子啊，快快开口讲话吧，快快成为健全的人，让老师也挺起脊背直起腰来。"

袁敬华每天都写日记，每篇日记的最后都忘不了写这样一句："挑战人生，永不回头！"教室虽小，她也不忘在墙上辟出一块干净地儿，写上"坚持不懈"，每天她都要看上几遍。袁敬华从不同角度磨砺着自己的意志。

文/韩春丽

最美丽的愿望

父母给予我们生命，可是并不是所有孩子都是健全的。在这个世界上，还有很多孩子，或者看不到光明，或者听不到声音，或者不会说话。他们受到人们的歧视，被拒绝在学校的大门之外，不能像普通人一样生活。他们也是好孩子啊，身体的残缺并不是他们想要的，为什么不能跟我们一样享受平等的教育机会呢？

一个高考落榜的普通女孩，没有走两条可以让她前途光明的路，却选择了第三条"没出息"的路——教育聋哑孩子，让他们也能上学，也能开口说话。袁敬华以一个农家孩子特有的善良和爱心，耐心地培养着孩子们，终于让他们一个一个开口说话了，也得到了父母的支持。但是正如文中所说，她从事着世上最高尚的事业，得到的却是最卑微的待遇。在除了父母之外没有任何鼓励的时候，她也会委屈彷徨，可是这些孩子能够支持着她挑战人生，固执地磨炼着自己的坚强意志，坚持下去，永不回头。这个善良的愿望是这样的质朴，没有任何的杂质，也不要求回报，它丰富了孩子的世界，也让一个平凡的女孩变得美丽动人。我们都相信，身体残缺的孩子像正常人一样受教育的渴望也终有一天会实现的。

赏析/韩文亮

面对自己的灵魂

人，因为精神高尚而高尚，是圣、是贤、是君子，都会有自己清晰的志向，不为尘世庸俗所侵蚀！

第一次见到丁大卫，是在美国福特基金会举办的一个活动中。工作人员告诉我，那个美国人，特神，给他报销飞机票他不要，坚持自己去坐火车硬座，从广东到北京，又自己去车站买了硬座票，从北京回甘肃。

据介绍，他爱好广泛，包括体育运动、音乐、文学、教育和"为人民服务"；任西北民族学院英语老师七年；二〇〇〇年至今，一直为甘肃省东乡族自治县做基础教育义务助学工作。会上，他拿一本相册给大家传看，一个劲儿地说："你们知不知道我们东乡的孩子有多可爱。"

再次见他是在兰州，他带着我，熟门熟路地倒了两趟公共汽车，来到汽车南站，我们要在这里乘长途车到东乡。

东乡距兰州约一百公里，车程约三小时。一路上，身高一米九三的他，窝着一双长腿，挤坐在长途车的最后一排，以东道主的姿态为我介绍，这条马路是五十周年县庆时修的，那座电信塔是什么时候立起来的，这个镇子离县城还有多远，等等。他的口头禅是"我们东乡"。

一

一九九五年，丁大卫作为外籍教师应聘到西北民院，学校给他出的工资是每月一千二百元。他打听了一圈后，知道这个工资比一般教师要高，于是主动找到学校，要求把工资降到九百元。学校不同意，坚持要付一千元，丁大卫觉得"四位数"还是太高，几番争执，最后定在了九百五十元。

要求降工资，这也不是丁大卫的第一次。

一九九四年，丁大卫在珠海恩溢私立小学任英语教师时，为了降低工资，为了和其他老师一样，不住带空调的房间，也和校长发生过一次相似的"斗争"。

当时，学校外面是一个市场，丁大卫指着市场里民工住的地方对校长说，你看他们，那么多人住在一个帐篷里，很闷很热，冲凉也不方便，他们就是这样生活的，我比他们已经强很多了。

这位校长后来到处和人说，这个丁大卫，老和民工比。

到了东乡，条件更为艰苦。没有暖气、没有电视、没有洗衣机、没有抽水马桶，"他们就是在这样的条件下生活的，我有什么不行？"他说。

二〇〇二年六月，丁大卫和西北民院的合同到期，他决定辞去民院的工作，专职到东乡来做事。县文化教育体育局也表示，愿意聘请他担任该局教育教学研究室顾问，并每月发给他五百元生活费。可是，每月五百元的工资，他至今也没有领到过一次。

"我也不急，反正我还有以前的积蓄。"他说自己不抽烟不喝酒，生活支出除了吃饭就是打电话和写信买邮票，每月四五百元就够了。

丁大卫出生在美国克里夫兰的一个中产阶级家庭。大学三年级时，大卫到北京大学做了一年留学生。和所有留学生一样，他在中国旅行，品尝各种美食。回国后，在肯塔基州的艾斯伯里学院拿到了古典文学硕士学位，这期间，他发现自己喜欢做老师。毕业后，大卫先在日本工作了一年，一九九四年，他来到珠海，在珠海第一家私立小学恩溢国际学校任英语教师。

为这所学校招聘英语教师时，丁大卫发现，招聘的五个人当中有四个来自西北地区。他觉得，西北的人才都出来了，有谁去西北呢？

于是，他把自己的简历寄到西北的一些学校，最后他在兰州大学、西北师范大学等学校的邀请中，选择了西北民院，他的想法很简单："这里的学生大都要回到民族地区当老师，那里是最需要人才的地方。"

二

二〇〇〇年，丁大卫在民院教课之余，每周花三天时间到东乡去，开始了他的"义务助学工作"。

甘肃省东乡族自治县是全国唯一的以东乡族为主体的少数民族自治县，也是国家重点扶贫县。据一九九〇年第四次人口普查的信息，东乡族是全国成人文盲率最高的民族之一。文化程度综合均值，只相当于小学二三年级程度。

大卫离开美国，离开家的一个原因，就是觉得自己留在那里只能是锦上添花。离开兰州也出于同样的原因。

"高等教育很多人在做，国家也重视，西北民院现在已经有七名外教了。相对来说，基础教育就差多。"他一直记得在《经济学家》杂志上看过一篇文章，全球基础教育的排名，中国倒数第二。"东乡文盲率这么高，说明基础教育最差。如果因为兰州条件好而留在兰州，那我就干脆回美国了。"

"锦上添花不是不好，但首先要保证最需要的。"他说，"就好像牙齿美白，整容不是不好，但总要让人先看得起病，享受最基本的医疗吧。"

刚认识丁大卫时，我曾经问他："你在东乡究竟都干些什么？"当时他有点怪怪地苦笑了一下，没有解释。

来到东乡，跟着他跑了几天，我也糊涂了，不知道该如何描述他所做的事情。

有一天去邮政所取信，订杂志，然后去免古池乡的马场恩溢学校看望那里的六位女老师。

马场学校距县城步行四十分钟，是二〇〇〇年由珠海恩溢学校和新加坡一位女士捐助修建的，今年已经有四个年级二百四十多名学生。每年"三八"节，丁大卫都要给女老师们买一份礼物。前年是床单，去年是闹钟，今年，他说实在想不出买什么东西了，就到邮局给老

师们订了两份杂志。预算一百元,花了一百零九元。

有一天去东源乡包岭恩溢学校。这所学校离县城最远,要先坐半小时中巴车,再走五公里的山路。那天赶上沙尘天气,刚走进校门,丁大卫就嘟囔了一句:"国旗怎么没有挂?"后来问过校长,说是天气不好,怕风把旗子吹坏了,所以摘了下来。

学校原来的房子是一九五六年盖的,早已残破不堪,一位老师带着二十多个学生只能在院子里的一棵大树下上课。二○○二年,用七位捐助人捐赠的四点五万元经过改造后,现在已经有五个年级一百一十多名学生了。丁大卫上周刚收到一笔捐款,他想把这笔钱用在返还学生部分学费上。这里每一学期的收费是二十五元,他计划给男生返还五元,给女生返还十元。这次去,要把学生的人数和名单定下来,好写信告诉捐款人。

还有一天去春台乡祈牙小学,和校长商量给学生做校服的事。

一走进学校,丁大卫就趴在教室的玻璃上数坐在里面的学生人数,这是他到每所学校都要做的一件事。据校长、也是唯一的老师说,今年有三十二个学生,去年是四十三个。人数降了。由于上学期县上要完成"普初"的任务,动员了一些原本不上学的学生来学校,这学期,这些学生又都回家了。

这样杂七杂八的事不一而足。他还为学校一元五角一度的不合理电价去和电力局理论;为一个语言功能有障碍的孩子联系聋哑学校和赞助人;为了春节期间带东乡的六位老师去广东恩溢学校培训的事向教育局汇报;还"义务"为双语教学项目培训老师,翻译资料……

东乡的好多人知道的丁大卫,是那个"经常走来走去的高个子外国人"。至于他究竟在这里干什么,很多人都说不清。

"我也不知道自己在这里都干了什么。"说起这些,他显得很是疲惫和郁郁寡欢。没有人要求他做什么。"你觉得我做的事是不是还有一点意义的价值?"他问我。

"我不想做专家、指导者,我只是一个打工的,我愿意为这里服务。"他总是认为,当地的人比他这个外来者更了解这里需要什么,不要一说就是"钱"。除了钱之外,真的一切都不需要了吗?

三

丁大卫无论走到哪里,都会带着一个磨掉颜色的旧文件夹。里面是各种各样的资料:丁大卫的身份证,护照复印件,关于使用捐款修建几所学校的报告,教育局的批复,捐款人的名单,一本存折,几个账本,学校的照片,感谢信,一堆要寄给捐款人的票据……"这是我在这里的生活。"他说。

几年以来,寄给"甘肃东乡丁大卫"的信件和捐款一直不断,总数已经超过了十万元。很多人不相信他还在东乡,都在信中说试试看你还在不在这里。

怎么使用这些钱,现在就是丁大卫的责任。"我不想要这些钱。"他一再说,建学校、配老师,让该上学的不失学,那是政府要做的事。

但是,既然这些钱都寄到他的名下,他也不能不管。

除了给学生退学费,给学校添置相关物品,教师节、儿童节给老师学生买礼物之类,三年来,每年寒假,他都会带着东乡的老师们去广东恩溢学校培训、交流,看大海。

"对老师们来说,这一路上都是学习。"丁大卫认为。

回来以后,他还要把所有车票收集起来,给捐款人写信,告诉他们为什么要花这笔钱带老师去那里,一共花了多少,把票据都粘好,随信寄去。

不仅这一项,所有捐款的支出,他都会这样写信告诉捐助人。所有的收支账也一式三份,给教育局一份,学校一份,他自己留一份。

"又没有人要求你这样,不用这么麻烦吧。"翻看他的账本,从万元起的修学校费用,到几元钱的电话费都登记着,我脱口而出。

"那怎么行,人家把钱交到你的手里,总要有个交代。"他提高了嗓门,看着我,好像有点生气了。

也许正是因为他的这种做法,很多人都是反复捐助,最多的已经达到九次。

四

那天去包岭的路上，经过一所叫牙胡家的小学，远远地离着几百米以外，就有孩子扯着嗓子喊"丁——大——卫"。学校和我们走的山路隔着一道很宽的沟。丁大卫高声告诉他们下午回来看他们，可校长和一群孩子还是下了沟跑到路边来，和他说了半天话。

学校的孩子都喜欢他。那些小孩见了他就兴奋，他们喜欢让这个"巨人"把他们抓起来，在空中倒立，喜欢一群人围着他抢那个可以在指尖上转动的"篮球"。

而丁大卫，也只有在和孩子们玩闹的时候，才显得最开心、最轻松。

老师们也喜欢他。女老师们经常开他的玩笑：这么大年纪还找不到老婆，一定是因为你的脚太臭了。

丁大卫说自己属猴，按照东乡这里的算法，今年应该三十七岁了。而按照他妈妈的算法，他才三十五岁，因为生日还没过呢。他形容自己"大概是那种比较慢热的人"。而他有时问出的具有"中国特色"的问题，像"你是不是北京户口"，也让我惊讶不已。他不以为然："如果你在一个国家待十年也一样。"

走在路上，他会不经意地哼一些曲子。有一次，居然是《学习雷锋好榜样》。

我乐了："你还会这首歌？"

"我会的多了。"他说，"如果去卡拉OK，我能唱一天不重复。"他知道田震、孙楠，聊起孙燕姿、周杰伦也头头是道。以前，在广东和兰州听得多，现在，他的生活中几乎没有娱乐，偶尔在班车上要一份人家看完的《兰州晚报》，自己看过了，还要拿给学校的老师看。酷爱篮球的他，看不到NBA比赛，爸爸从美国寄给他的篮球杂志就成了他的宝贝。

大卫是个很细心的人，两人走路他一定走在靠车道边的那边，在长途客车上主动帮带孩子的妇女拿东西。说起自己的家人他更是充满深情。

有时候，去到一个地方，碰见对他这个"老外"很好奇的人，人家会问："你在那儿干什么？收入多少？"他就会据实回答："帮着办学，没收入。"

对方的反应一般是："没收入?! 你不想说那就算了。"

县里也常常有人和丁大卫说，让他利用自己的身份，多做一些宣传，扩大影响，也好有更多赞助。

"我不想这么做。"他说，"我只是在做我觉得应该做的事，我不想被称作雷锋或白求恩。"他并不想成为什么榜样，也不想影响别人。

现在他最想有更多的时间来提高自己的东乡语水平；想遇到一位心爱的姑娘一起去青岛、泰山；还想看到什么时候东乡不再排全国少数民族文盲率最高。

"你觉得自己还会在这里待多久？"

"只要这里愿意继续聘任我，我就会留下来。"他说得很肯定。

大卫是个虔诚的基督教徒。不过，他也知道，现在这个世界，最有力量的"宗教"叫做 American dream（美国梦）：挣更多的钱，开更好的车，住更大的房子，娶更漂亮的老婆……

但是，他认真地说，每个人都应该问问自己的内心，这些是不是你真正想要的？你的心踏实吗？满足吗？平静吗？

"夜深人静，睡不着的时候，你的灵魂，你的内心，是会和你说话的，会问你，你究竟为什么而活？不要忽视这个，不要随便吃一片安眠药把这个念头压下去。"说这话时，他的蓝眼睛纯净平和，坐在那张小床上的他，好像拥有整个世界。

文/冯　玥

面对自己的灵魂拷问

"夜深人静，睡不着的时候，你的灵魂，你的内心，是会和你说话的，会问你，你究竟为什么而活？"这句激起内心千层浪的话，是一个外国人说的，他就是本文的主人公——丁大卫。在这纷纷扰扰、嘈杂的世界里，每个人都应该轻轻拨开沾在心灵表面的污垢，面对自己最真切的灵魂，然后平静地问一句:"我到底需要什么？车子、银子、房子？人生只因为有金钱、名誉而幸福美满吗？还是人生还有更珍贵的东西？"

看了《面对自己的灵魂》中丁大卫的那句话，我不由心中一震，我不得不重新审视自己。人，因为精神高尚而高尚，是圣、是贤、是君子，都会有自己明晰的志向，不为尘世庸俗所侵蚀！大卫，一个出生在美国的普通人，他的身影却出现在中国的大西北，出现在穷困的甘肃省东乡族自治县，而他的目标竟是"东乡不再排全国少数民族文盲率最高。"

爱，在每个人的内心深处居住。曾几何时，灯红酒绿的社会将纸醉金迷的生活模式贴进人的心上，向前看模糊了，又清晰了，现出了向"钱"看。爱心被置于现代都市霓虹灯照不到的角落里。某个冷清夜里，面对洁白无瑕的月亮，我们是否也叩问过自己:"我还是一个真真实实的人吗？"还是当朝阳升起时，又戴起面具匆匆融进为名利的人流中？千年的风云，翻起过多少尘土，而那句"素衣莫起风尘叹，犹及清明可到家。"还会在多少个人的内心里响起？

然而，就算是夜也并不是黑暗统治的天下，看，那天上的星星在闪着明亮的眼睛。也许，这当中就有一双眼睛是丁大卫的，他审视了自己的心灵也审视了这个世界，他觉得这个世界哪个地方更需要他，于是他就出现了，就付出了。

从此，在那东乡有了一个从西洋走来的"武训"。我相信，没有人能平静地看完《面对自己的灵魂》，大卫的言行感动着每个认识或不认识他的人，让人惊觉还有一个真切的灵魂在等待关注。

夜深人静，睡不着的时候，请再问一下自己的内心，你真正想要的是什么？

赏析/赖东安

第五辑　成功属于勇敢的人

　　从来没听过一个人说，我要失败！有的话只能是笑话；更没见一个人坚决地要奔向失败，如果存在可能是科学家的实验。我们所努力和刻苦的目标，从来都是成功，否则，我们的付出是为了什么呢？

　　成功者成功的过程和结果，肯定有与众不同之处。而与别人不一样的，那就可能是成功的方法或者是诀窍。如果说读人如读书，那么让我们记住通往成功的技巧：灵敏、勇敢、坚强、守信、锐气、虚怀若谷、创新……

鸽子长大了
鸽子飞向蓝天白云
孩子长大了
孩子聆听清脆的鸽哨
忽然
孩子向鸽子飞去的方向
向蓝天白云喊出了
他幼稚的向注：
我也要飞
我要飞得比鸽子更高

抓住生命中刹那一闪的灵光

成功只眷顾勇敢和坚持的人。

"深凹的面颊,扭曲的头发,淘气的露齿笑,一个五英尺高、一百磅重的顽童模样。"这个人就是马云——全球最大的企业电子商务网站阿里巴巴的创始人,CCTV 二〇〇四年度十大经济人物之一。

貌不惊人,不懂技术,没有留洋教育背景,也没有任何显赫的社会背景,马云的创业经历是真正个人奋斗的典范。

马云从小就是一个"傻孩子"。小时候爱打架,打了无数次的架(没有一次为自己,全是为了朋友)。打得缝过十三针,挨过处分,被迫转学杭州八中,从家长到老师、邻居,都对这个顽皮孩子的前途不抱希望。

读书时,他的成绩从没进过前三名。从小到大,马云不仅没有上过一流的大学,而且连小学、中学都是三四流的。初中考高中考了两次。中考数学三十一分,高考数学二十一分。高考失败,弱小的马云做起蹬三轮车的工作。一九八四年,历经辛苦的马云终于跌跌撞撞地考入杭州师范大学外语系——他的理想是上北大,但最后他只是进入了杭州师院,还是个专科,而且连考了三年。第一年高考他数学考了一分,第二年十九分。他的成绩是专科分数,离本科线还差五分,但恰好本科没招满人,马云就这样幸运地上了本科,并凭着满腔热情和一身侠气,当选学生会主席。

　　大学毕业后，马云在杭州电子工业学院教英语。一九九一年，马云初涉商海，和朋友成立海博翻译社。结果第一个月收入七百元，房租两千元，遭到一致讥讽。

　　在大家动摇的时候，马云坚信：只要做下去，一定有前景。他一个人背着个大麻袋到义乌、广州去进货，翻译社开始卖礼品、鲜花，以最原始的小商品买卖来维持运转。

　　两年间，马云不仅养活了翻译社，组织了杭州第一个英语角，同时还成了全院课程最多的老师。如今，正如马云当年所愿，海博已经成为杭州乃至浙江省最大的翻译社。

　　一九九五年马云三十岁，他已经是杭州十大杰出青年教师，校长许诺他外办主任的位置。奇怪的是马云脑子里想的却是"我一辈子就教给学生书面的东西吗"，他立马不干了。他毕竟是不甘平庸的人。

　　一九九五年，"杭州英语最棒"的马云受浙江省交通厅委托到美国催讨一笔债务。结果是钱没要到一分，倒发现了一个"宝库"——在西雅图，对计算机一窍不通的马云第一次上了互联网。这个偶然的机会成就了马云。噩梦般的讨债之旅结束了，马云灰溜溜地回到了杭州，身上只剩下一美元和一个疯狂的念头。马云成立"阿里巴巴"的想法是，把中国企业的资料集中起来，快递到美国，由设计者做好网页向全世界发布，利润则来自向企业收取的费用。

　　但在当时，互联网对于绝大部分中国人还是非常陌生的东西，即使在全球范围内，互联网也刚刚开始发展。此时开展他的事业有难以想象的困难。一九九五年他第一次上中央台，有个编导跟记者说，这个人不像好人！其实在很多没有互联网的城市，马云一律被称为"骗子"。但马云仍然像疯子一样不屈不挠，他天天这样提醒自己："互联网是影响人类未来生活三十年的三千米长跑，你必须跑得像兔子一样快，又要像乌龟一样耐跑。"然后出门跟人侃互联网，说服客户。业务就这样艰难地开展了起来。

　　一路走下来，他的梦越做越大。从"中国黄页"到"阿里巴巴"，"阿里巴巴"被业界公认为全球最优秀的 B2B 网站，即使马云在睡梦中，"阿里巴巴"每天也有一百多万元的收入。

文/蒋二彪

坚持就是胜利

马云的成功似乎说明了一个很重要的道理：小时候成绩不好的人，只要经过努力，也一样能够取得成功，坚持努力比才能更重要。

马云是一个很有勇气很有冲劲的人，敢想敢做，一旦认定目标就勇往直前，无论遭受到什么刁难和挫折，都不会放弃自己的梦想，而是不停地自我鼓励，在挫败中坚持努力奋斗，越挫越勇，最终在惊涛骇浪中驾驶着小舟到达了成功的码头。

成功只眷顾勇敢和坚持的人。很多时候人的脑海中会有一个想法一闪而过，就像闪电一般一眨眼就没了。如何能让这一闪而过的灵光成为生命中恒久照耀的太阳呢？这就需要我们及时把它抓在手里，并且相信自己的能力，不停地奋斗，砍除路上遇到的所有荆棘，坚定不移地向前进，抓住机遇，实现梦想。

睡梦中每天也有一百多万元的收入，"阿里巴巴"让马云成为一个传奇。如果你也想成为传奇人物，那么就必须像他一样，想到的就马上付诸行动，以一种无畏任何困难的精神坚持奋斗，一直到胜利在你面前露出微笑。

赏析/韩文亮

冒险家哥伦布

在开拓创新的征途上，你每前进一步，
都会留下深深的脚印，别人会记住你曾经走
过的路。

克里斯托弗·哥伦布一四五一年出生于地中海边的城市热那亚，
是闻名世界的探险家。他从小就被《马可·波罗游记》中所描述的东方
深深吸引，向往探险、航海。

青年时期的哥伦布当了水手，学习了航海指挥、天文地理，掌握
了拉丁语、西班牙语、葡萄牙语和意大利语。

哥伦布常想：既然地球是圆的，人们绕过非洲东行就可以到中国。
那么，从欧洲向西航行，渡过大西洋，也一定可以到亚洲。可是，这一
条海路从没有人走过呀！

哥伦布决定从大西洋寻找海上通道去亚洲，去中国！他向当时意
大利著名的地理学家托斯坎内里请教，得到了热情无私的支持。

当时美洲尚未被发现，欧洲各国盛传亚洲是块宝地，遍地是黄
金，对传说那里盛产的宝石、丝绸、香料都垂涎三尺。所以，当哥伦布
请求西班牙国王支持时，国王拨款一万英镑给他。

一四九二年八月三日，哥伦布率三艘帆船、八十七名船员，从
西班牙南端出发，驶进了当时所有海图都没有标志的未知的茫茫
大海。

船队航行了一个多月，遇上一片青绿的海域，海面上尽是厚密的马尾藻。船队走了十几天才摆脱了它们的纠缠，可眼前仍然是茫茫大海，无边无际。

船员们不耐烦了，灰心了，纷纷要求返航。只有哥伦布仍然充满信心，在他表示给大伙加倍付酬金后，船队才又继续向西挺进。

船队在海上连续航行七十一天后，发现了一块陆地！船员们高兴得大叫大嚷，沮丧、沉闷的气氛一扫而光。他们登上陆地，升起西班牙国旗，哥伦布宣布代表国王占领此地，命名该岛为"圣萨尔瓦多"。

这里的土人半裸着身子，皮肤不白不黑，脸上绘着彩色花纹，妇女鼻子上挂着金片。他们以为这是天神，便跳起舞来欢迎。

哥伦布发现这岛上很穷，既无珠宝也无黄金。他问土人："你们的金片是从哪里来的？"

"从南方带来的。"土人回答。可是，至于南方在哪里连他们也不知道。

第二天，哥伦布率船队又驶向了茫茫大海，继续去寻找盛产黄金的所谓南方，穿行在中美洲哈马群岛之中。这天，船队登上了一块陆地，哥伦布以为这是亚洲大陆。脚下的土地即是中国的一个半岛。于是，他派了两个人作为使者去内地见中国皇帝。

几天以后，使者垂头丧气地回来了，说："一路上尽是小棚屋，村里很穷，不像是繁荣富饶的中国。"

哥伦布不知道这里是古巴岛，还以为这是中国最贫困的一个省，于是下令船队继续南行。

不久，哥伦布陆续发现了两个大岛，并为他们命名为"西班牙岛"和"海地岛"，他依然没有找到中国。

当时，哥伦布也不知道，他发现的是欧洲人从来都不知道的新大陆。而从这里到亚洲，中间还隔着一个比大西洋还阔得多的太平洋。

一四九三年三月十六日，哥伦布率队返回西班牙，这一天也就是完成了开辟横渡大西洋航线和发现美洲大陆的日子。

哥伦布总以为他发现的那片陆地是亚洲，可为什么与马可·波罗描述的不同呢？他要弄清那里到底是不是亚洲。于是，哥伦布又第二次、第三次、第四次率船队横渡大西洋，发现了南美洲。但他当时并不

旭日飞扬·精华版

知道这一点。

哥伦布几次远航，发现的大陆并不富庶，与人们谈论的亚洲毫无相同之处。他逐渐意识到，这些新大陆不是中国。在长时间的远航中，由于天气炎热、食物腐烂、暴雨袭击、海水腐蚀、黄热病的威胁，航行越来越艰难，哥伦布只得带着遗憾离开新的陆地。

他寻找的中国虽然一直没有出现，但他的执著与勇敢已胜过一切。

文/宫　方

创新，才有出路

哥伦布最终没有到达中国，却意外地发现了美洲大陆，开辟了横渡大西洋的新航线。取得伟大的成就，这得益他的冒险精神、创新意识。

通向成功的道路有很多，你会选择哪一条呢？是沿着前人的足迹走下去吗？如果这样，就会省很多麻烦，不用在十字路口上思考走哪条道路，也不用花时间去研究该走的道路是否坎坷，更不会走错路，迷失方向，因为路途已经有前人开辟好了。只要沿着先人开创的道路，就一定能到达目的地，但是那样永远不会留下自己的足迹，也没有新的发现，只是白白地重走一趟。

如果不按照别人开辟的成功之路走，那么，就要自己重新思考，认真研究，确定自己的方向，另辟路径。在此探索的过程中，也许会迷失方向，让人误解，遭遇重重阻力，甚至达不到目标。这需要很大的勇气，需要大无畏的开创精神。但在开拓创新的征途上，你每前进一步，都会留下深深的脚印，别人会记住你曾经走过的路。

作为新时代的青少年，你会选择哪一条道路呢？

赏析/李林荣

一代硬汉——海明威

海明威死了，但他塑造的硬汉形象永远活着。

一八九九年七月二十一日,欧内斯特·海明威出生在世界五大湖之一的密执安湖南岸,一个叫橡树园的小镇。

家里一共有六个孩子,海明威是第二个。母亲很有修养,热爱音乐。父亲是一位杰出的医生,又是个钓鱼和打猎的能手。海明威三岁时,父亲给他的生日礼物是一根渔竿儿;十岁时,父亲送给他一支一人高的猎枪。父亲的影响使海明威终生充满了对捕鱼和狩猎的热爱。海明威二十九岁时,父亲因为糖尿病和经济困难,用手枪自杀了。

十四岁时海明威在父亲支持下报名学习拳击。第一次训练,他的对手是个职业拳击家,海明威被打得满脸鲜血,躺倒在地。可是第二天,海明威裹着纱布还是来了,并且纵身跳上了拳击场。二十个月之后,海明威在一次训练中被击中头部,伤了左眼,这只眼的视力再也没有恢复。

中学毕业以后,海明威不愿意上大学,渴望赴欧参战,因为视力的缘故未被批准。他离家来到堪萨斯城,在《堪萨斯明星报》做了见习记者。

一九一八年五月,海明威如愿以偿,加入了美国红十字战地服务队,来到第一次世界大战的意大利战场。七月初的一天夜里,海明威

的头部、胸部、上肢、下肢都被炸成重伤,人们把他送进野战医院。海明威的一个膝盖被打碎了,身上中的炮弹片和机枪弹头多达二百三十余块。他一共做了十三次手术,换上了一块白金做的膝盖骨。有些弹片没有取出来,到死都留在体内。他在医院里躺了三个多月,接受了意大利政府颁发的十字军功勋章和勇敢勋章,这时他刚满十九岁。

大战后海明威回到美国,战争除了给他的精神和身体带来痛苦外,没有带来任何值得高兴的事。旧的希望破灭了,新的理想又没有建立,前途渺茫,思想空虚。

尽管这样,海明威依旧勤奋写作。一九一九年夏秋,他写了十二个短篇,寄给报社被全部退回。母亲警告他:要么找个固定的工作,要么搬出去。海明威从家里搬了出去,因为什么也改变不了他献身于文学事业的决心。他只想做第一流的、最出色的作家。

一九二○年的整个冬天,他独自坐在打字机前,一天到晚写作。有一次参加朋友们的聚会,海明威结识了一位叫哈德莉的红发女郎。她比海明威大八岁,成了海明威的第一个妻子。这时海明威二十二岁。

一九二二年冬天,他赴洛桑参加和平会议时,哈德莉在火车站把他的手提箱丢失了。手提箱里装着他的全部手稿,一个长篇、十八个短篇和三十首诗。这使海明威痛苦万分又毫无办法,只能重新开始。

一九三六年七月西班牙内战爆发。海明威借款四万美元为忠于共和国的部队买救护车。为了还清债务,他作为北美报业联盟的记者到西班牙采访,并拿起武器参加了战斗。西班牙内战以共和军失败而告结束,这让海明威十分难受,他写了他一生中唯一的剧本《第五纵队》,歌颂献身于正义事业的人们。

海明威始终态度鲜明地反对法西斯分子。日本偷袭珍珠港,美国对日宣战的当天,海明威就参加了海军,他以自己独特的方式参战。他改装了自己的游艇,配备了电台、机枪和几百磅炸药。他的行动计划是,在古巴北部海面搜索德国潜艇,如果发现潜艇,就全速前进,撞击敌船,与之同归于尽。这项计划不但得到了美国驻古巴的大使布接顿的批准,而且得到美国情报参谋部的赞同。海明威指挥船员在海上追踪德国潜艇近两年,始终没有找到相撞的机会。

一九四四年二月,他与第四个、也是最后一个妻子玛丽结婚。玛丽是位记者,她陪伴海明威走完最后的十五年。她的到来使海明威的生活充满了从未享受过的天伦之乐和人间温暖。一九四四年六月,海明威随美军在法国诺曼底登陆。他自己率领一支法国游击队深入敌占区侦察,不断地向作战指挥部提供大量珍贵情报,因此获得一枚铜质勋章。

二十世纪五十年代初,海明威发表了他最优秀的作品《老人与海》。这是世界文学宝库中的珍品,是他全部创作中的瑰宝。不久,他因此而获得了普利策奖。

海明威怀念非洲和狩猎生活。一九五四年一月,他又和妻子去非洲打猎。他们乘坐的小型飞机在尼罗河源头附近不幸坠落,俩人都受了伤,人们都认为海明威夫妇遇难了,但五十五岁的海明威并不在意,他们又换乘飞机飞往乌干达首都。飞机只飞了片刻便一头栽到一个种植园里,几秒钟后飞机爆炸,引起大火。海明威拉着玛丽从飞机的残骸和火焰中爬了出来。

玛丽几乎不能动弹了。海明威帮助当地农民扑灭了大火,然后陪玛丽去医院。

玛丽的伤并不重,只是断了两根肋骨,伤势严重的是海明威自己。病历卡上写着长长的一串病名:关节粘连、肾挫伤、肝损伤、脑震荡、二度和三度烧伤、肠道机能紊乱……荣获诺贝尔奖金之后的几年,他没有发表过重要作品。他的健康每况愈下,写作越来越吃力。他的高血压症、糖尿病、铁质代谢紊乱、皮癌、精神抑郁症等一大串疾病,使他完全丧失了工作能力。一九六一年七月二日清晨,这位身高六英尺,体重二百二十磅的巨人,把心爱的双筒猎枪放进嘴里,扣动了扳机。

海明威死了,但他塑造的硬汉形象永远活着。

文/宋 毅 田 杰

有一种生命价值叫坚强

我们的生命就像奔流不息的大江,磨难与险阻如激流一样阻碍着我们的前进,有时我们还会毫不留神地被暗礁碰撞得伤痕累累。身体上的伤痕累累可以用高明的医学手段去治疗,但心灵上的伤只能靠自己给自己开一道药方——那就是坚强!

海明威先生的一生本已多灾多难,但他仍本着他的"硬汉精神",永不言败、不放弃,迈向更艰苦的人生,他的生命价值也在他一次次的战胜困难中升值、闪闪发光。

对于生命中出现的磨难,我们根本无法阻止,我们唯有拿出生活的勇气和信心去积极地面对。我们也无须惧怕种种的困难,生命的意义在于我们敢于接受困难与挫折的挑战,敢于在激流中勇进。即使在前进的途中我们受伤过、失败过,我们也不要放弃,因为我们会在磨难中不断完善,不断体现自身的生命价值,而这种生命价值就叫做坚强。

赏析/余 佳

恪守尊严

尊严,是一个人的脊梁。人没有了脊梁,他就只能永远佝偻着腰。尊严,是无价之宝。有了尊严,才能拥有更多的财富。

一九一四年的一个寒冷的冬天,美国加州沃尔逊小镇来了一群逃难的流亡者。长途的辗转流离,使他们每个人都面呈菜色,疲惫不堪,善良而朴实的沃尔逊人,家家都燃炊煮饭,友善地款待这群流亡者。镇长杰克逊大叔给一批又一批的流亡者送去粥食，这些流亡者，显然已好多天没有吃过这么好的食物了，他们接到东西，个个狼吞虎咽，连一句感谢的话也来不及说。

只有一个年轻人例外。当杰克逊大叔把食物送到他面前时，这个骨瘦如柴、饥肠辘辘的年轻人问："先生，吃您这么多东西，你有什么活儿需要我做吗？"杰克逊大叔想，给一个流亡者一顿果腹的饭食，每一个善良的人都会这么做。于是，他说："不，我没有什么活儿需要您来做。"

这个年轻人的目光顿时黯淡下来，他硕大的喉结剧烈地上下动了动，说："先生，那我便不能随便吃您的东西，我不能没有经过劳动，便平白得到这些东西！"杰克逊想了想又说："我想起来了，我家确实有一些活儿需要你帮忙。不过，等你吃过饭后，我就给你派活儿。"

"不，我现在就做活儿，等做完您的活儿，我再吃这些东西！"那个青年站起来。杰克逊大叔十分赞赏地望着这个青年，但他知道这个年轻人已经两天没有吃东西了，又走了这么远的路，可是不给他做些活儿，他是不会吃下这些东西的。杰克逊大叔思忖片刻说："小伙子，你愿意为我捶背吗？"那个年轻人便十分认真地给他捶背。捶了几分钟杰克逊便站起来说："好了，小伙子，你捶得棒极了。"说完遂将食物递给年轻人，他这才狼吞虎咽地吃起来。杰克逊大叔微笑着注视着这个青年说："小伙子，我的庄园太需要人手了，如果你愿意留下来的话，那我就太高兴了。"

那个年轻人留了下来，并很快成为杰克逊大叔庄园的一把好手。两年后，杰克逊把自己女儿玛格珍妮许配给了他，且对女儿说："别看他现在一无所有，可他百分之百是个富翁，因为他有尊严！"

果然不出所料，二十多年后，这个年轻人真的成为亿万富翁，他就是赫赫有名的美国石油大王哈默。哈默穷苦潦倒之际仍然保持尊严、自立的精神，赢得了别人的尊敬和欣赏，也为自己带来了好运。

这确实是一个耐人寻味、发人深省的故事。尊严，涵盖了自然万物的多少高尚与卑下、痛苦与欢乐。这个世界上，所有智者毕生追求

的目标就是要告诉我们,怎样才能有尊严地活着!

尊严,是一个人的脊梁。人没有了脊梁,他就只能永远佝偻着腰。尊严,是无价之宝。有了尊严,才能拥有更多的财富。为了人生能够远航万里,为了公德之门能够牢不可破,愿人人都能恪守做人的尊严,始终不渝。

文/李艳青

挺直脊梁做人

没有经过劳动得到的东西就是施舍,就像有手有脚也还有体力干活却想不劳而获的乞丐在大街上乞讨一样。哈默即使在穷苦潦倒到饿了几天的情况下,仍然希望能靠自己的劳动得到食物。他一直挺直自己的脊梁,尊严地生活,他的自尊也获得了别人的尊敬。杰克逊大叔欣赏哈默的独立、自尊,把他留下来工作,并且把自己的女儿嫁给他。因为杰克逊大叔知道,无论是多么困难的情况下,只要一个人还拥有尊严,那他就一定不会潦倒一辈子。哈默的成功也证明了杰克逊大叔看人的眼光是多么的准确。

中国自古以来就讲求骨气,讲求做人要挺直脊梁,无论面对多么难熬的困境,都不能低下头,跪地求饶。因为随便低头的人是永远得不到别人的尊重的,你不敢面对困境的时候,就是你懦弱求饶的时候,就是你弯下腰认输的时候,也是别人轻视你的时候。

一个人有尊严,证明他是相信自己,看重自己的。做人没有了尊严,也就是放弃了自己,别人又怎么会重视你呢?只有尊严,才会让你在最卑微的时候依然闪闪发光,让人不敢轻视,并帮助你最终获得成功。

赏析/韩文亮

勇 气

人生途中，我们也需要像拜伦一样，在别人只是畏惧地逃避或幸灾乐祸地观看时，能够拿出罕有的勇气，为了善，为了爱，也为启迪和震撼那些冷漠的心灵。

十九世纪，在英国的名门公立学校——哈罗学校，常常会出现以强凌弱、以大欺小的事情。

有一天，一个强悍的高个子男生，拦在一个新生的面前，颐指气使地命令新生替自己做事，新生初来乍到，不明白其中"原委"，断然拒绝。高个子恼羞成怒，一把揪住新生的领子，劈头盖脸地打起来，嘴里还骂骂咧咧："你这小子，为了让你聪明点，我得好好开导你！"新生痛得龇牙咧嘴，却并不肯乞怜告饶。

旁观的学生或者冷眼相看，或者起哄嬉笑，或者一走了之。只有一个外表文弱的男生，看着这欺凌人的一幕，眼里渐渐涌出了泪水，终于忍不住嚷起来："你到底还要打他几下才肯罢休！"

高个子朝那个又尖又细的抗议的声音望去，一看也是个瘦弱的新生，就恶狠狠地骂道："你这个不知天高地厚的家伙，问这个干吗？"

那个新生用含泪的眼睛盯着他，毫不畏惧地回答："不管你还要打几下，让我替他忍受一半的拳头吧。"

高个子看着他的眼泪，听到这出人意料的回答，不禁羞愧地停住了手。

从这以后,学校里反抗恶行暴力的声音开始响亮,帮助弱者的善举也逐渐增多,两个新生也成了莫逆之交。那位被殴打的少年,深感爱与善的可贵,后来成为英国颇负盛名的大政治家罗伯特·比尔;挺身而出、愿为陌生弱者分担痛苦的,则是扬名全世界的大诗人拜伦。

人生途中,我们也需要像拜伦一样,在别人只是畏惧地逃避或幸灾乐祸地观看时,能够拿出罕有的勇气,为了善,为了爱,也为启迪和震撼那些冷漠的心灵。

文/佚　名

做生活的勇者

在以强凌弱、以大欺小已成为人们习以为常的现象时,当旁观者都在为这些不公平的现象充当畏惧逃避、幸灾乐祸的看客时,文弱的拜伦却能勇敢地站出来。他的眼里涌满泪水,那是因为他有善良纯洁的心灵;他愿意为受欺凌者"忍受一半的拳头",那是因为他有悲天悯人的情怀;他能在关键时刻挺身而出,是因为他有维护正义的勇气。这三者融合在一起,凝聚成一股无形却巨大的道德力量。

生活中,我们必须要有勇者的精神,勇敢地面对所有的困难,勇敢地维护道德与正义。前不久读了一名摄影记者的工作手记,手记讲述了一次怯弱的行为给他一生带来的无可弥补的遗憾与懊悔。那是他第一次带着专业相机穿街过巷寻找新闻,在一条小巷子里他遇见几个流氓在欺负一名瘦弱的少年。由于难以克服心中的恐慌,他没有挺身而出。当他低着头匆匆而过时,他瞥见了少年那悲戚的双眼。从那以后,每当他举起相机,镜头前就会出现那双悲戚、无助的眼睛。与拜伦不同的是,这位摄影师放弃了当一名生活勇者的机会,因此,一生都要背负着良心的责备。

朋友,生活要求我们做一名像拜伦一样的勇者。为了渡过难关，你需要奋进与勇退的勇气；为了克服困难，你需要驾驭不安的勇气；为了达到目标，你需要坚持不懈的勇气；为了维护道德，你需要伸张正义的勇气；为了完成使命，你需要一如既往的勇气……勇气是让生活顺利运转的重要燃料，只要有勇气，你也可以正面迎向生活、迎向阳光。

赏析/王　嘉

李想：财富英雄出少年

面对困难时，我们一定要冷静，因为我们年轻，所以我们有的是热情、智慧、执著和勇敢，我们一定更出色！

二〇〇六年五月二十日，全国十大创业新锐颁奖仪式上，一个年轻自信的面孔吸引了所有在场人士的目光，他是二十世纪八十年代出生的进入这个榜单的第一人。在这个非常严肃的场合，他却带领叔叔辈的创业者们一起唱起了流行歌曲《嘻刷刷》。

二十五岁，身价过亿，六年时间创立国内第三大中文 IT 专业网站，只有高中学历却管理着一百多位本科以上员工，这个传奇人物就是北京泡泡信息技术有限公司(PCPOP)的首席执行官李想。

我最喜欢的就是电脑

一九八一年，李想出生于河北石家庄的一个艺术之家。爸爸是戏剧导演，妈妈是艺术学校的老师，可李想却继承了红军爷爷的倔脾气。一年级的时候，李想在路上弄丢了父亲给他买冰糕的两毛钱，他在路边找了一下午，一定要找到钱才肯回家。还有一次，因为李想不听话，爸爸用藤子杆抽他屁股，可他竟忍住不哭，还咬着牙对爸爸说："你等一下，我揉揉，你再打那边。"

倔强的李想一直按自己的喜好做事。一天，他发现了一本《家用电脑与游戏机》杂志，顿时被杂志的丰富内容吸引住了。当时他每月的零花钱是五十元，他将这笔钱全部用来买杂志。由于这本杂志发行量不是很大，为了能买到每期杂志，李想几乎跑遍了石家庄的报摊和邮局。杂志让李想如痴如醉，他突然发觉电脑就是自己的最爱，年少的李想第一次有了自己朦胧的方向。

李想恳求妈妈给他买一台电脑，但遭到妈妈的拒绝。妈妈说李想用心不专，左一锤子右一榔头。妈妈的话刺激了李想，他决定证明自己的决心和能力。从那以后，他一直坚持学习电脑知识，积累了牢固的理论基础。初中毕业那年，他还在一家电脑杂志上发表了文章。

李想的表现终于让父母相信了儿子的决心，他们花了八千多元给李想买了一台电脑，鼓励他说："你一定行的！"

但有了电脑之后，李想一开始竟然是在玩游戏。父母虽然很着急，但他们并没有立即斥责或制止他，他们装作不知道，暗中观察他是否有自制力。

儿子没有让他们失望，没过多久，李想就不再玩游戏了。其实，玩游戏也是一个学习的必经过程，几个月后，李想对操作系统、应用软件就非常熟悉了。他还大量投稿，稿费每月有一千多元，比母亲的工资还高。

写作让李想有了成就感，但他很快就发现了自己的不足。那时候懂电脑的人很少，想要学习新知识，必须到一些专业的电脑网站。李想每天只能拨长途上网，每月辛苦挣来的稿费换来的也只是每天十至二十分钟的上网时间，但李想进步神速。

后来，燕赵信息港开通了，李想迷上了做主页。由于他的努力，他在燕赵信息港做的主页的访问量一直都在前三名。可年轻的李想并不满足，他开始琢磨建一个网站，那样就可以提供更大的平台，会有更多喜欢 IT 的网友来交流。

高三时,李想的"显卡之家"网站终于成立。他更忙了,每天要在电脑前花费七八个小时。他在互联网上自由地表达自己的观点及经验,真诚的语言和实用的经验得到了许多网友的认同和称赞,年少的他第一次获得了公众的鼓励和认同。这让他更加坚信,电脑就是为他而造的。

我就是来创造规则的

李想做网站的时候,仅石家庄,相同的网站大概就有上百个,而没有什么资金和资源的李想能从中杀出一条血路,得益于他正确的经营方式。

一般人建网站,首先考虑收益,而李想注重的却是方便网友。因此,IP 流量随之大增,也吸引了一些 IT 商家。而让他们想不到的是,李想竟然决定免费帮他们推广产品。就在一些网站为广告费和商家斤斤计较的时候,"显卡之家"的产品广告数量却越来越多,吸引了更多的网友。

"显卡之家"迅速崛起,但李想不敢有丝毫的懈怠。为了让网友每天能看到最新的信息, 正值高三的他, 每天早晨四点钟起来更新网站,一直做到七点才去上学。一分耕耘,一分收获。三个月时间,网站IP 访问量由最初的每天二百人,增加到七千人。

一九九九年五月,他开始将一些广告放在网页上,但他的收费方法却再次显示了他的与众不同。一千次显示给十块钱,把实惠放在明处,非常吸引人。别看一千次显示才给十块钱,随着合作骤增,带来的收入相当可观。高中毕业时,李想已经积攒了十万元的资金,他自信地说:"我就是来创造规则的,如果都走前人走过的路,那怎么会成功?"

就在这时候,李想面临着重大的选择。父母希望他考大学,但那就意味着不能全身心投入到网站上。李想很清楚自己需要什么。他放弃了高考。

正确的理念,明确的方向感是李想成功的前提,而他对人才的渴望与把握,则让他的事业得到了提升。高中毕业以后,李想构筑着更宏伟的蓝图,但他强烈地感觉到一个人的力量极为有限。这时,一个叫樊铮的小伙子出现在他的视野中。

一九七七年出生的樊铮毕业于河北科技大学计算机系，代码技术一流。他的网站和李想的网站，流量始终处于第一、第二的竞争状态。两人也因此认识，经常在网络上相互交流。

李想向樊铮详细说明了网站的运营情况，勾勒了网站发展的美好前景，并力邀其加盟。樊铮被李想的构想打动，他非常欣赏李想自信果敢的作风。二〇〇〇年春节前夕，樊铮从深圳回到石家庄，他们正式成立了泡泡网。最开始人员只有两个，办公司时的第三个身份证还是借的。

条件不好，就勇敢克服；人员少，就一人抵几个人使。有一天，两人竟然同时生病了，发着高烧的李想靠毅力搀扶着樊铮去医院挂点滴，等樊铮挂完点滴，李想差点儿虚脱得昏迷了。樊铮非常感动，哥儿俩的感情从此又加深了一步。

公司成立后，销售是个"软肋"。李想一直在物色合适的人才。二〇〇一年末，追求自由的优秀销售人才邵震加盟李想的公司。

人才的不断加入，推动泡泡网不断发展，不久，泡泡网的分公司在北京林业大学旁的一所民居内成立。李想表现了他果敢的一面，为了更好地接触客户、壮大公司，他决定进军北京。

我们一定要活下去

正当李想的事业一帆风顺时，二〇〇三年他的公司突遇挫折：一夜之间，公司编辑出走大半。最为致命的是，他们都跑到竞争对手那边去了。网站基本没有办法继续运营，情况危急。

那天，李想整夜都在考虑该怎么办，人也急上了火，满嘴起泡。令他欣慰的是邵震和樊铮等好哥儿们都在，李想的倔劲又上来了。"我们一定要活下去！"于是，几个骨干召开会议研究对策，大家分头去招聘、面试，然后一个个培养。大家心里都憋着一口气。终于，只用了一周时间，整个网站就恢复正常了。

编辑出走事件以后，李想成熟了许多，他反省了自己浮躁的一面，更加意识到团队的重要性。为此，他制定了新的规章制度，在公司内部提倡民主风气。他提出这样一个方案："只有正确的建议,没有职务的压制!"就是他李想错了,大家只要指出来,他一定改。一个二十岁出头的年轻人有如此胸襟,不得不让人刮目相看。

二〇〇四年,曾有人有意出资近一亿元来收购李想的公司,但被李想拒绝。李想认为,互联网是他一生的事业,跟随自己的团队更是无法用金钱来衡量的。

二〇〇三年后,公司进入了高速成长期,广告销售每年以百分之百以上的速度增长,员工也从几十人扩展到一百五十人,并且全是本科生,办公地点也换到了中关村中国电子大厦十一层。二〇〇五年,公司还建立了汽车类专业门户网站——汽车之家。

就在公司进入全国专业 IT 网站前三名的时候,二〇〇六年初,李想却给每位员工发了一封措辞严厉的信。在这封只有几百字的信中出现了二十六个感叹号和二十二个问号,直指员工和管理层的松懈,详细列举和行业第一名的差距。居安思危的李想希望员工有清晰的方向感,不断地完善自我。

李想希望公司最终能够做成百年老店,近期目标是融资,然后是上市……他说:"我的方向和目标很明确,一开始我就知道我的事业方向就是互联网,然后我会确定每一个阶段的目标,一个一个去实现,所以我不会受到诱惑去烧钱,也不会因为碰到困难就放弃。"

有明确的目标,再一个一个去实现,成功实现理想的人其实有着很多相似的地方——坚韧、坚持、坚定,这是每一个成功者必须具备的素质。

文/阿　宁

年轻人,活得更出色

是谁说年轻就会轻狂?是谁说年少就会无知?当年仅二十五岁的李想登上全国十大创业新锐颁奖台时,在场的嘉宾都惊叹了——"这小伙,好样的。"

李想非常年轻,他热爱电脑的程度已经到狂热状态。由于年轻,他在创业初期遭受了更多的挫折,但他聪明、执著、冷静,所有的问题都迎刃而解。面对困难时,他没被吓倒;收获成功时,他更没有骄傲。年轻人也可以有着博大的胸襟,他重视人才,讲求团队精神。

在李想的身上,我们看到一颗非常执著的心。他无时无刻地燃烧着、拼搏着,不是追求名利,而是追随自己最爱的电脑。这是何等自由和潇洒的人生啊!

似乎所有的年轻人都有着用不完的精力和热情。如果不把握青春年华去追逐梦想,那人生就要留下遗憾了。

长江后浪推前浪,新一辈的年轻人背负着更重大的历史任务。只要我们有了方向,坚定了步伐,即使道路再曲折,再漫长,我们也一定能到达目的地。面对困难时,我们一定要冷静,因为我们年轻,所以我们有的是热情、智慧、执著和勇敢,我们一定更出色!

赏析/李次欢

不耻下问的梅兰芳

也许,大家都认为去向比自己学识浅的
人请教是一件丢脸的事,其实并不然。

梅兰芳先生,杰出的京剧艺术家、戏剧活动家。一八九四年出生于北京铁拐斜街的一个戏剧世家。他自幼受家庭影响,酷爱京剧,八岁便开始学艺,十一岁登台演出,后来成了中国四大名旦之一。

一九一二年春天，梅兰芳受到上海大戏院老板的邀请，第一次离开北京，到上海演戏。那时候，北京的戏剧演员没有一个到上海能唱红的，梅兰芳当时还是一个没被上海观众认可的小字辈，就连这次邀请他的老板，对他的表演估价也不高，因此梅兰芳的心里很不踏实，深感这次在上海的首场演出对他的前途至关重要。

在与梅兰芳同行的一位老先生的一番鼓励下，梅兰芳镇定了很多，很快放下了思想包袱。第二天便精神抖擞地化好妆，他深深吸了口气，然后掀起台帘，走上台来。刚一亮相就引来台下一片满堂彩。看到台下的反应出乎意料的好，他心里也不慌张了，把自己的绝活一手一手露了出来，下面的喝彩声简直都快把屋顶掀开了。过后几天的演出，给上海观众耳目一新的感觉，就连原来对他还不大信任的剧场老板都折服了，非得要求梅兰芳唱压轴戏。

这天，戏园子里人山人海，连过道里都站满了人。梅兰芳上台了，刚走了几个过场，下面四处叫好。忽然，梅兰芳听见台下传来一个低沉的声音："不好！一点都不好！"梅兰芳定睛一看，见一个老者正坐在角落，年纪六十开外，衣着朴素，正不住地摇头。周围的一些戏迷也听到老头的这几声，一齐回过头，恶狠狠地瞪了他几眼，还有一个人在吼："老头，你懂什么，别瞎喊！"梅兰芳心里却感到蹊跷："这是怎么回事，看来我肯定有没演好的地方……"他想归想，可手脚却丝毫不敢怠慢，心里却再也提不起多大的兴致。

一下场，梅兰芳来不及卸装更衣，忙叫人去把那位老者请来，没多大会儿，有人便把那老者领到后台。梅兰芳连忙起身让座，沏茶倒水，恭恭敬敬地递到老者面前，并小心翼翼地说："先生说我不好，我肯定有不好的地方，还请老人家赐教，我一定及时改正。"老者忙摆摆手说："梅老板戏唱得没话说，我说得不好，不过是小小细节，刚才台下有对不起的地方，还请梅老板多多包涵。"说完，起身就走。

梅兰芳苦苦挽留，定要老者说个明白。老者见他执意要打破砂锅问到底，便向他细细解释起来，原来梅兰芳戏中演上楼和下楼的台步，按老规定，应该是上楼七步，而下楼是八步，而梅兰芳却走成了八上八下了。梅兰芳一听，恍然大悟，他一拍大腿说道："对！对！这是我的疏漏！"说完，纳头便拜，搞得老者连声感叹。

第二年,梅兰芳又被上海戏院的老板热情邀请到了上海,共唱了三十四天,场面空前,受欢迎程度远远超过了上一次。

文/黄树芬

虚心使人进步

梅兰芳在上海受到那么多人欢迎,备受称赞时,但他依然能低下头,恭恭敬敬地向那老者请教,做到不耻下问,虚心请教,使他演唱得越来越完美,最终成为一代宗师。

中国有句名言,叫做"活到老,学到老"。的确,知识、技能这些东西不是与生俱来的,也不是一成不变的,它随着社会的进步而迅速发展,我们只有不断去学习、不断去创造,才能跟上形势,才能在竞争中处于有利的地位。知识永无止境,学习也是一样,只有不断学习,才能不断进步、增长知识。

也许,大家都认为去向比自己学识浅的人请教是一件丢脸的事,其实并不然。能做到不耻下问是成功者的基本品质。每个人都有自己的长处,亦有自己的短处,"金无足赤,人无完人"。自己的不足,可能恰好就是别人的优势,我们通过请教别人,借鉴别人的成功经验,学习别人好的思考方式和处事方法,弥补自己的不足,才能取得进步,超越自我。

赏析/李林荣

别人嚼过的馍不香

前人踩出来的路,我们可以走,但自己开创的才是真正的捷径。

人们常说:第一次把美人比作鲜花的,是天才;第二次把美人比作鲜花的,是庸才;第三次把美人比作鲜花的,是蠢材。不错,如果人云亦云,亦步亦趋,毫无创造,那么再美妙的比喻,也会失去光彩。文学如此,科学也同样如此。信号处理与智能控制专家李衍达院士,对此就颇有心得。

求索创新是李衍达院士治学的一大特色。早在清华大学求学期间,他就总结了一套独特的学习方法:对老师讲的知识,他不是满足于知其然而是"打破砂锅"问到底,直到知其所以然,力求在每个问题上,提出一些属于自己的见解,不做书本的奴隶。这些良好的学习习惯,对他日后的科学研究工作产生了重要的影响。

一九八一年,李衍达从美国麻省理工学院进修回国,致力于运用信号处理方法为国家寻找石油与天然气。自六十年代以来,国际上主导的勘测地下油井的方法,一直是利用人工爆炸产生的地震波探测地下油井的位置,但效果并不理想,浪费很大。国际上对此尽管研究的人不少,但进展不大。李衍达接受后,通过对整个方法的考察,他发现传统方法无非是利用地震波在地层不同物质中传送速度不同获取地层结构的信息,反复测试倒是提高了精度,但成本太高。俗话说"别

人嚼过的馍不香"，李衍达决心摆脱前人的思路，另辟他途，通过大量的反复的论证比较，李衍达运用信息论理论，创造性地把地质学、测井学和地震勘探技术三门复杂学科的数据综合在一起，一举解决了这个长期困扰着国际勘探界的问题，用这种新方法，在胜利油田试打了三口油气井，个个高产，成功率达百分之百。

鲁迅先生说过：世上本没有路，走的人多了便成了路。读者朋友们，你们想不想成为第一个走出路来的人呢？

文/佚　名

捷径由自己开创

文章开篇引用了人们常说的一句话，从这句话中悟出一个道理——要有创新精神才能打破常规，获得进步。这也就是文章的主题。

继而，以李衍达院士的故事深刻地揭示了这个道理。求索创新的李衍达不墨守成规，人家走过的路，他不会蒙昧地跟着走，而是善于从实际出发，寻找另一条属于自己的捷径。他在尝试中成功了，胜利油田试打了三口油气井，而且个个高产。他运用了科学，运用了知识，运用了创新精神。

"你们想不想成为第一个走出路来的人呢？"作者向读者朋友发问，也是一种鼓励。在生活中，能够敢于创新的人究竟有多少呢？我们或许会害怕失败，因为创新就代表着第一个，谁也不知道这第一个将会是成功的，还是失败的。创新就需要我们有一种冒险精神，有一种不怕失败的勇气，即使失败了，也可以再来。路不是一条，路的方向也是人走出来的，当我们发现走不通的时候，我们还是可以走回来，再从另一个方向出发，直到到达目的地。前人踩出来的路，我们可以走，但自己开创的才是真正的捷径。

赏析/张艳霞

第六辑　人生有梦就有笑

　　如果我们细心观察成功者胜利的轨迹，会很轻易地发现，成功者们几乎毫无例外地拥有最最坚强的信念。是的，我们能清晰地感受到成功者儿时的梦想、少年的向往、青年的努力、鲜花和闪光灯簇拥着成功的到来。

　　成功者甚至可以改变历史，他们的力量让我们佩服并景仰。可是如果我们顺着绚烂辉煌的现在探询到信念的最初，成功的昨天，很可能就是一个梦想，不同的是，梦醒的时候有人是叹息着放弃的，有人是笑着去追逐的。那我们呢？

探头探脑地爬上
奶奶家的篱笆墙
在秋天里吹啊吹
小喇叭呀小喇叭
你轻些吹
千万别惊醒了
小蜜蜂的梦

阳光女孩桑兰：人生有梦就有笑

没有退路的时候只能往前走,适应现在的生活。

桑兰和父母住在北京南城一套租来的一居室里，客厅四壁挂满了相框——那是桑兰的人生。

桑兰的体操生涯被浓缩在离门最近的墙上：那是一组平衡木动作,舒展、健康、优美,像一只展翅飞翔的小燕子。之后是受伤的桑兰,或在床上,或在轮椅里,伴着鲜花,还有政界、商界、体坛、娱乐圈的名人们……被簇拥在中央的桑兰,脸上无一例外是鲜花般灿烂的笑容。

现在,真实的桑兰就坐在我面前,看起来比电视和照片里的要小两号。她把胳膊肘撑在桌子上,双手白皙纤瘦,非常好看,只是失去了灵动,如凋谢的花茎,无力地垂下,在接我递过去的杂志时,只能将两只手腕一合,然后再用手腕将书翻开。这让我心生怜惜,不忍注视她轮椅上的双腿, 那原本是她身体最健康最美丽的部分——这是一朵还没有完全绽放就被命运掐掉的花骨朵,只是即使离开了原来的根,依然顽强地持续着开花的过程！

忙碌让痛苦退却

桑兰说话时一直在笑, 似乎伤痛并没有对她健康开朗的性格造成任何影响——她被媒体称作"阳光女孩"。我问她，这是你希望给公众的形象吗？她想了想："也有失落的时候，否则也不正常了，毕竟发生这么大的事。"

桑兰从小调皮、好动，练体操以前就爱玩倒立，弄得家里的白色墙壁上到处是一个个小黑脚印。五岁被选进体操队，也是当好玩的事情在做，等到难度加大，不那么好玩的时候，她已经练出了成绩，有了目标。

意外的是，原本那样绚烂夺目的人生，却在桑兰十七岁时出现了重大转折：一九九八年七月，桑兰赴美国纽约参加第四届世界友好运动会，在热身训练中，她从跳马上头朝下栽下来，颈椎脊髓受重伤，造成胸部以下完全瘫痪。

一个总也静不下来的人忽然就动不了了，桑兰感到一种痒痒的难受，特别是刚受伤时，要戴脖套，插鼻管、胃管，没办法吃东西，咽口水也疼，连动一动都困难。她不敢相信自己怎么就突然发生这样的事情呢？一想到可能一辈子也不能恢复就难过得要命。"但慢慢地我觉得事已至此，我整天沉浸在痛苦之中会给我带来什么？没有办法难道整天哭吗？要不然让我去自杀？不会吧，自杀好还是这样好呢？我肯定是没有勇气自杀的。没有退路的时候你只能往前走，适应现在的生活，这会让人好过许多。"她沉吟一会儿后继续说："有时候反过来想一想，如果我没有受伤，我不过是一个很平淡的人，退役之后可能去读书，然后当教练，一生也就这样。可是现在我觉得接触的东西很多，可以参加各种活动，生活更加丰富。"桑兰又笑了，这笑容成熟中带点儿刚强，是一个历经磨难的女孩的笑。

二〇〇二年九月，桑兰被北京大学新闻与传播学院新闻系破格录取，就读广播电视专业。每周五天，父母推着她坐轮椅赶到学校上课。她尽力地想伸出手指，数给我看她要学多少门课程："《中国新闻传播史》、《新闻摄影》、《中国文学》、《英语》、《法学概论》……"桑兰对自己此外还选修了《奥林匹克文化》和《十九世纪欧洲浪漫音乐史》解释说："我想将来对我做传媒肯定会有帮助。"学校为她提供了单人宿舍，还将她学习的课程尽量都安排在一楼教室里讲授。课堂上同学们可以帮她做笔记，但回家以后的温习都要靠电脑帮忙。她的鼠标是在美国特制的,比一般鼠标要大几倍,中间有个可以活动的大球。她在键盘上的按键活动则是通过两枝卡在手掌上的小棍以手臂的力量带动完成的,而且敲起字来速度飞快。显然她已经是个电脑"高手"了。

桑兰很勤奋,用她自己的说法是"出勤率很好":"在北京大学里读书的都是强者中的强者啊,很了不起,所以我也希望自己能做到最好。有时候很辛苦,甚至会觉得透不过气来,但我不能辜负大家的期望吧,我的使命感还是很强的。"她又笑了,双臂在面前交叉起来, 很满足的样子:"人这一生就是不停地忙碌一些事情才觉得享受,挺好的!"

有梦让笑容灿烂

除了挂在墙上的照片,桑兰还有好几大本影集,其中"艺术照"居多,她那些或成熟或天真、或娇羞或沉思的造型,无不明艳照人。据说还真有导演找过她拍戏,可那个角色在剧中是从头哭到尾的,桑兰觉得太不适合自己,拒绝了。这个生性乐观的姑娘已经找到了自己的新位置——加盟美国默多克新闻集团旗下的星空卫视, 做体育节目的主持人。这是一档在中国本土制作和播出的电视节目,名字就叫《桑兰二〇〇八》。"人的很多爱好不是自己能马上发觉的,需要慢慢地接触,需要有一个外来的环境给你机会,然后你会发现,原来我对这个事情有兴趣。"桑兰选择学习新闻专业,以及愿意到电视台去做主持人,都跟她一直以来保持与媒体的"亲密接触"有关——那是一个她熟悉同时又很陌生的行业。她熟悉是因为她曾无数次地面对镜头和话筒,只不过讲的都是自己,并且应对如流;她陌生是由于自己生平第一次将话筒对准别人,让对方说话。"好紧张啊!"桑兰讲起她的第一次实战经历又是挤眉又是耸肩膀,仿佛刚从现场下来。

那是去年九月,第三届国际特奥会在中国的陕西举行。因为默多克新闻集团是国际特奥会最大赞助商, 星空卫视派出桑兰采访国际特奥会首席执行官。"第一次采访的就是外国人,而且是那么大的官,他的姐姐就是施瓦辛格的夫人,是美国很有名的主持人。我的采访内容还要在美国播出。星空卫视的老板也在那里看着我,灯光打得那么亮,头上伸着大话筒,有两部摄像机对着我们,我实在太紧张太紧张了,因为我知道这已经不是实习,是真的采访啊!"桑兰的描述很急促,仿佛依然很紧张地被包围在无数专业的目光里。她这才知道被人采访和采访人完全是两回事,尽管编导写好了问题,给了她很多对方的背景资料,桑兰还是紧张得"跟在空中飘一样,上也上不去,落也落不下来"。后来节目总监说你就当是在玩呢,你可以拿着稿子上,想不起来就看一看。后来连那位将要被采访的"大官"都反过来安慰桑兰:"你不要紧张,你不要紧张。"只有星空卫视的老板还在要求她别看稿子。桑兰抓着稿子像抓着救命稻草,哪里肯放?终于上场了,她心里只希望对方讲得慢一点,好让她有时间去想自己的问题,"还得跟他说的扣上,要不人家正说这个你又去问那个不就露馅了吗?"节目录到一半灯光需要调整,突然,"啪"地一下,老板一伸手将桑兰腿上的资料抽掉了。

经过刹那的慌乱之后,桑兰索性放开了。"有稿子的时候肯定没有多少自己的东西,你的整个脑子都是围绕纸上来的。拿开稿子,凭着自己的印象,我开始按自己的想法去问。"拿掉稿子,她提的第一个问题是:如何看待中国的特奥会,觉得中国在哪些方面还应该改善?最后她得到了老板的表扬,说不看稿子发挥得更自如。桑兰对此很高兴,可还有点不好意思:"我也没看带子,不知道采访得怎么样,不管怎么说,这是一个值得我努力去做好的工作。"

忽然她又兴高采烈地对我说:"对了,有个事,我还没跟他们说呢,我先跟你说,我太喜欢唱歌了,将来我能给节目唱个歌就好了,反正我的节目叫《桑兰二〇〇八》,到时候跟他们问问。"一副打定了主意的样子。

采访快结束时桑兰告诉我,虽然受了伤,但她和普通女孩子一样有自己的憧憬。比如她希望有个男朋友:"他不一定很帅,但心地一定要善良。人品太重要了。"我奇怪:"帅不好吗?""人家都说找帅的很辛苦的,不放心,你不可能总把他拴在身边是不是,即便他没什么想法,其他女孩子也会对他有想法的,自己会受到很大的伤害。唉,那个心眼好的人到现在我还没有找到呢,可惜!"桑兰表示遗憾的样子,就像一般女孩子那样天真得可爱。

文/苏 容

有梦才有希望

　　遭遇瘫痪,终身要在轮椅上度过,桑兰依然保持灿烂的笑容,因为她有梦,有对生活的美好追求。

　　从高处摔下来,跌断手脚,有的人会泪流不止,对生活失去了信心,认为自己是生活的弃儿,看不到出路,自甘堕落;有的人哭过后,擦干眼泪,重拾信心,用另一种眼光看待世界,对待未来,努力克服自身的缺陷,勇往直前,创造出另一片晴空。就像桑兰,面对困境,她能积极面对,迎难而上。正如她自己所说:没有退路的时候只能往前走,适应现在的生活。一个从胸部以下完全瘫痪的女孩,要像普通人一样生活,就要付出比常人更大的努力,承受更大的挫折。在挫折面前,要昂起头,正视现实,才能走出困境,脱离黑暗。

　　人生总要有个梦,有梦才有希望。即使身处困境的人,只要不失去希望,心中明灯永远点亮,那么它就能指引着我们向前迈进。困境是机遇,也是挑战,只要我们勇敢地接受挑战,一定能摆脱困境,走向新的起点。

　　身体的残疾并不可怕,只要拥有积极向上的精神,就能走向美好的明天。试想有谁为维纳斯失去双臂而惋惜呢?

　　　　　　　　　　　　　　　　　　　　赏析/李林荣

我为什么是最出色的球员

你还要学会体验过程,如果不知道享受获得成功的历程,那将来的成功就不会显得那般美妙了。

带着以下这种想法进入 NBA 的人是少之又少:只要是全队胜利需要,可以付出任何不求回报的牺牲。大部分人在想着拿分,争取更长的上场时间,以吸引更多人的注意力。

据我观察,我所遇到的球员当中极少有我认为已经取得辉煌成绩的。

我会说"魔术师"约翰逊和拉里·伯德取得了某种程度上的辉煌。我把他们当做学习的榜样,希望由此让自己成为一名在进攻和防守两方面才华横溢的更优秀的球员。

另外一位很出色的球员要数斯科特·皮蓬,他天性聪慧,对打比赛有深刻的理解和领悟;他是勇士,任何时候都极具攻击力;他既擅长进攻又精于防守,是场上生龙活虎的精灵。

皮蓬来自闭塞落后的乡下,但他敢于同从小在城市长大的球员相抗争。农村来的孩子可以不断学习,只是要比别人花费更多时间和精力。伯德和约翰逊进队时准备好的是在某些方面教教别人,而皮蓬进队时已经做好向他人请教的准备。相信我,他不会跟别人离得太远。

不知多少回,在场上我们俩一起打球时,我感觉自己是在同孪生兄弟一道打球,他所取得的进步由此可见一斑。如果我们作为对手,打一场比赛,那我坚信自己比他略胜一筹——我对比赛的细微变化理解得更深刻些,但那肯定会是一场精彩绝伦的角逐。皮蓬让自己成为随时进攻别人的"侵略者",每次进攻都给人们创造一次惊奇。

但我和他之间存在着区别:他是只有后面有一群狼在追着自己时才发动进攻,而我是任何时候任何位置(哪怕没有追逐的狼群)都会发动进攻。其实这种区别是巨大的,所带来的威力的不同也是不言而喻的。

我经常能够看见其他球员眼中的丝丝胆怯,尤其是在他们发现自己没有完全把握实现事先许下的诺言之时。

这么说吧,有位球员发誓要打好第二天的比赛,但一旦比赛开始,他的第一次投篮失败时,你便可瞥见他眼睛里流露出的代表着一丝胆怯的轻微迷惘。

他不是及时清醒头脑,并告诉自己:"没关系,我会投中第二个球的!"取而代之的是消极的念头一个又一个地聚集起来了,直至垒成一堵"恐惧墙",最终再没有机会重拾斗志了。

而我,丢了一个球之后会怎样呢?我以积极的心态接受这种结果,绝不让一次失球影响整个晚上的比赛。我从不让消极的念头一点点堆积,这种时候我告诉自己:"都过去了,珍惜后面的机会!"然后,前面丢五个球,后头我会投进十个,我总是让自信贯穿比赛的始终。

一个没投中,我不会担心后面的一个球可能也投不中。还没投,干吗就担心投不中呢!其实,这种消极的思想往往会成为所有人(不仅仅是运动员)一次失足后重整旗鼓的羁绊。

其实生活又怎么可能永远一帆风顺呢?我会努力争取每一天都能取得一点进步,我需要回顾昨天,感觉今天比昨天好就足够。一天一点进步,那一辈子该有多少的飞跃呀!

比赛当中最重要的是保持镇静,学会在热火朝天的氛围中让你的神经保持一份冷静。当然偶尔你的情绪也会受比赛气氛的影响,但关键是这时你必须提醒自己,遏制这种消极念头的扩张蔓延。

一名伟大球星的高明之处就在于,他能让全场比赛始终合乎自己的节奏,而不至于整个晚上老在担心"追赶"不上比赛。这恐怕也是"伟大球星"和"好球员"明显的差别之一。

我小时候总喜欢在周日里为自己的穿着修饰一番,兄弟姐妹喜欢穿工装裤,但我总是穿上西装,打上领带——在我看来,穿西装、打领带才算是真正的打扮。

清楚记得父亲曾告诉我第一印象对一个人有多么重要。在北卡罗莱纳大学时,每次外出我们都穿西服,这正合我的意。我们一起旅行,希望给人们一种高贵、中看的感觉。

正因为如此,我每次赶去赛场之前总不惜花时间在房间里好好修饰一下自己。我希望借此给人们留下一个好的印象,并让他们知道我很在意他们对我的想法,当然,我对他们也能够尽量地表示尊重。

我想跟更年轻的球员们说的一点是:把握现在,小心不要让自己被别人设下的陷阱困住。成功会产生更高期望值,但这就是我们这个社会里自然的演变规律。在长大成人,当上球员之前你得先了解你是谁。

什么是真正的幸福?这是每位球员(尤其是年轻球员)需要作出回答的问题。尤其,年轻一代的球员更应当知道,在球场外能给他们带来幸福的是什么。我认为很多球员心中没数,但他们还认为知道呢。他们认为,出去看电影,上酒吧,每天晚上和不同的女人闲荡……诸如此类就是球场外最大的幸福。如果你真这么认为,那总有一天你会毁了自己。

别紧张,放松些,别让生活太难。我经常跟好朋友"老虎"伍兹说起这些。学会以高境界的态度看待生活中的喜怒哀乐,这也不失为一种超脱。我认为,年轻的球员们更应学会"为现在而生活",让生活自然发展,遇见困难和挫折别郁闷,你就可以有这么大能耐,不必苛求生活中原本就子虚乌有的那份"完美"。

你还要学会体验过程,如果不知道享受获得成功的历程,那将来的成功就不会显得那般美妙了。感知今天的阳光,明日还会霞光满天。

文/[美]迈克尔·乔丹

享受每一个过程

什么是最大的幸福？迈克尔·乔丹告诉我们，尽情享受现在的生活就是最大的幸福。

把握现在，放眼未来。只有把今天的工作做好了，才能做好明天的工作，因为今天是明天的起点，明天是今天的延续。只有踏踏实实地走好脚下的路，享受奋斗的乐趣，才能轻轻松松地攀越一座座高峰。

我们所追求的目标，有些不是一下子能实现的，只要我们努力奋斗，坚持不懈，争取每一天都能取得一点进步，日积月累，就能越来越接近目标，直到最后实现自己的理想。当然，在前进的过程中，不要急功近利，只顾着赶路，忽视路边灿烂的鲜花和小鸟优美的乐韵，幻想着突飞猛进，一飞冲天，一步就踏上事业的巅峰，那是不切实际的。也不要看着高远的山峰叹息，认为很难爬上那么高的山，其实，你每爬上一段山坡，都会欣赏到不同的美景，收获不同的喜悦，感受到不同的幸福。只要你有恒心，有决心，就一定能欣赏到山顶的奇妙风光。

赏析/李林荣

美丽笑容背后的郭晶晶

努力不一定能登上成功的宝座,但不努力,肯定不能获得成功。

二〇〇四年八月二十七日,北京时间凌晨,在雅典奥运会的跳水比赛场上,郭晶晶用优美、稳健的动作,征服了所有的裁判,最终以高于第二名二十多分的优势获得了女子三米板的金牌……

一只脚踏在冠军领奖台上,郭晶晶有点迫不及待,几次想跳上去,左右看了半天,还是没有听到冠军的名字。等了好久才终于站上去:冠军,郭晶晶,中国! 站在既熟悉又陌生的奥运会冠军领奖台上,郭晶晶眯起眼睛,笑了。冠军时刻,终于等到了!

这位纤弱恬静的女孩在领奖台上说:"拿金牌没什么感觉。"其实没有人知道,为了这枚金牌,她不仅付出了十六年的努力,甚至付出了自己全部的童年和少年时代。

被推下跳板的"胆小鬼"

郭晶晶出生在河北保定市,一九八八年她上学前班的时候,恰好河北省游泳馆的李芳教练来她所在的胶片厂的子弟学校选拔跳水人才。

那年郭晶晶只有六岁,李芳教练见到她的那一刻,立即看上了这个四肢修长笔直，像男孩一样调皮的小姑娘。经过严格的考察和选拔，李教练发现郭晶晶不仅力量好，爆发力强，而且动作的协调性也掌握得比较好，是一块跳水的料。

没想到正式进游泳馆训练时，郭晶晶一看到水就往后缩，还没上跳板就紧张得直掉眼泪。原来郭晶晶三岁那年，随父母游泳时被水淹过，从那时候起就患上了"恐水症"。

当得知女儿各方面条件都非常好，只是因为胆小上不了跳板时，父母狠下心对李芳教练说："她如果再不敢跳水，你就往下推。"李芳教练得到了郭晶晶父母的授权，就开始对这个"胆小鬼"采取强制措施。一天训练时，郭晶晶照旧躲得远远的，李芳和其他教练在悄悄安排好防护措施后，趁郭晶晶不注意一把将她推下游泳池。那次被强行推下水后，郭晶晶这个有名的胆小鬼竟然一下子变成全队胆子最大的女队员。

郭晶晶在业余体校跳水一年之后，个子逐渐长高了。她有一双修长笔直令人羡慕的长腿，唯有膝盖稍显得突出，这对普通女孩子来说根本就无关紧要，但是对一个跳水运动员来说，却是一个致命的弱点。李芳教练说："膝盖突出做动作就收不紧腿，晶晶如果将来拿不了冠军，肯定是因为腿的缘故。"

为了纠正不听话的腿，每天紧张的训练后，李教练和父母轮番给她压腿。将足尖和膝盖绷成一条线，还要不停地施加压力，腿部的韧带被拉得生疼，这对一个只有七岁的小姑娘来说非常残酷。刚开始的时候，郭晶晶也经常趴在地上悄悄地流眼泪，但是好胜心帮她战胜了困难，当她明白只有克服了膝盖的弱点才能战胜对手时，她不再哭鼻子，人家不给她压腿她还着急呢！

在母亲的泪水中长大

跳水运动对运动员的体重要求非常苛刻，自从晶晶进了跳水队，十几年间，再也没能随心所欲地吃过一顿饱饭。尽管这样，体重偶尔也会超出标准，这时就必须在尽可能短的时间内，通过加大运动量的方式降下去。跳水队备有专门出汗服，那是一种用类似防雨绸的布料

旭日飞扬·精华版

做成的不透气的衣服，体重超标的队员在又潮又热的游泳馆内不停地跑步，脸上、头上的汗水不停往下流，汗水沿着密不透气的裤管内一直淌到鞋子里，这种近乎于惩罚的"减肥"运动要一直持续到体重符合标准才能停止。

九岁那年，郭晶晶在练习踏板时不小心摔了下来，造成左腿腓骨骨折，被教练和队友们送到医院治疗。医生给晶晶打好夹板后，嘱咐她回家静养，但为了防止休息一段时间心散了，晶晶一天也没有在家里休息。李教练在游泳馆里安排了一个玻璃房间，让晶晶和母亲临时居住，那段时间晶晶一边补习文化课，一边养伤。那时候腿还不能着地，稍一活动就会痛得锥心刺骨。但她一抬头看到在跳板上的队友，见人家一天天在进步，她就着急得不得了，受伤刚满了一个月，夹板还没有拆完，晶晶就急不可待地下了水。好在当时晶晶年龄还小，身体恢复得比较快。半年之后，她不仅追上了队友，而且在李芳教练的精心指导下，参加了近百次大型跳水比赛，并于一九九三年独揽了十米台和三米板两项全国冠军。郭晶晶的出色表现，引起了人们的关注，就在那年她被慧眼识珠的于芬教练选中，从此年仅十一岁的郭晶晶成了国家队一名备受关注的"白袍小将"。

在国家队期间，郭晶晶进步很快，当她踌躇满志之时，一次失误几乎毁掉了她的跳水生涯。亚特兰大奥运会后郭晶晶在一次训练中受伤，右腿筋骨被摔伤，打了三个月夹板伤情才稍有好转。在此期间，她回到故乡保定跟随启蒙教练李芳继续训练。此时她正处在长身体的时候，由于卧床休息，运动量一下降了很多，短短的三个月的时间，晶晶长高了五厘米，体重增加了十多千克。卸掉夹板当天，晶晶就凭着坚定的信念回到了跳板上，忍着伤痛开始了恢复训练和降体重。

炎热的夏季，别人穿着短裤短裙还热得受不了，晶晶却要穿着出汗服一瘸一拐地在闷热不堪的游泳馆里跑步。妈妈心痛晶晶，但又拗不过倔强的她，只好躲在远处悄悄地流泪。这么多年来，妈妈为了晶晶不知流了多少泪水。

打拼了整整十年之后，郭晶晶已成为中国跳水队当之无愧的领军人物。她信心百倍，在浪尖上翩翩起舞，如同水的精灵。

文/袁 艺

只有努力才能成功

　　一切的成功都要靠自己努力去争取,郭晶晶就是靠自己的努力,才能在跳水台上划出一条优美的弧线,像一朵水仙在池中绽放,让世界为之感叹。台上一分钟,台下十年功,不错,在成功的路上,她不知流了多少泪水,也不知付出了多少艰辛的汗水,才能摘取奥运金牌。

　　路在脚下,努力才能成功。整天想着摘取成功的果实,而不去努力,那只能望洋兴叹,犹如守株待兔,等到田地荒芜,也捡不到兔子。如果整天都是在空想,而不去努力实践,那么,你永远都追不上成功的步伐。努力不一定能登上成功的宝座,但不努力,肯定不能获得成功。

　　俗话说得好:"书山有路勤为径,学海无涯苦作舟。"对于同学们来说,现在辛苦的不过是那整天忙忙碌碌的学习,当你的努力得到了回报,克服困难考出了好成绩,考上理想的学校,单方面来说,你成功了。为了心中的梦想,我们必须努力,因为只有努力才能成功。

赏析/李林荣

从乒乓女皇到剑桥博士——邓亚萍

只要努力拼搏,就能实现梦想和自我价值。

被誉为"乒坛女皇"的邓亚萍,身高只有一米四九,但先后获得过一百八十个冠军,其中十八个世界冠军、四个奥运会冠军,包括单打和与乔红组合的双打,是我国获得奥运金牌最多的运动员之一。她五岁起就随父亲学打球,一九八八年进入国家队,在乒坛世界排名连续八年保持第一,成为唯一蝉联奥运会乒乓球金牌的运动员。

一九九七年后,她先后到清华大学、英国剑桥大学和诺丁汉大学进修学习,并获得英语专业学士学位和中国当代研究专业的硕士学位,并得到剑桥大学的博士学位;二〇〇二年邓亚萍在国际奥委会道德委员会以及运动和环境委员会两个委员会担任职务;二〇〇三年,邓亚萍成为北京奥组委市场开发部的一名工作人员。从奥运冠军到名校博士,这在中国运动员中是绝无仅有的,而这正是邓亚萍不懈拼搏的结果。

邓亚萍说:"我现在最重要的就是全力以赴攻读博士,现在只是二年级,学业上还有很多困难等着我去克服,我希望踏踏实实走好每一步,然后再考虑更远的目标。"

现在邓亚萍的工作、学习以及社会活动都与奥运密切相关。她现在是北京奥组委的工作人员，工作相当繁忙，但她一下班后就一头扎进学习中。她的博士生研究方向是"奥运会和体育对中国社会的整体影响"，要定期用电子邮件向导师汇报学习进展及心得，并且还需要赶到剑桥大学将研究成果交导师评审。另外，她还要经常参加国际奥委会的相关会议，已经成了社会活动频繁的"国际飞人"。

雅典奥运会归来，邓亚萍感触良多。她说，体育赋予了人们进取和拼搏的精神和力量，体育是一个公平竞争和交流理解的舞台，只要努力拼搏，都能在这个舞台上实现梦想和自我价值！

文/陈　畅

成功来自拼搏

只要努力拼搏，就能实现梦想和自我价值。邓亚萍是这样说的，也是这样做的，所以无论是在体育的舞台上，还是人生的大舞台上，她都取得了优良的成绩。

在人生的旅途中，需要拼搏精神；在学海的奋斗中，需要拼搏精神；而在那激情燃烧的运动场上，更需要拼搏精神。就像邓亚萍，她在体育上，靠着拼搏的精神，取得了一个又一个冠军；在学习上，靠着顽强的拼劲，取得了一个又一个学位。总之，没有拼搏，就没有邓亚萍今日的成功。

每个人都渴望成功，却往往忽视拼搏这一过程。其实，拼搏是一种精神，拼搏让你拥有满腔热情，拼搏让你增加克服困难的信心。俗话说，"人生能有几回搏。"不错，只有拼搏，人生才能绽放异彩；只有拼搏，才能发挥智慧的潜力；只有拼搏，才能实现远大的理想。我们在学习中，长期的努力固然重要，但拼搏精神也必不可少，它使我们在成绩的肩头上迈向另一个目标，它使我们的追求无止无境。

赏析/李林荣

梦想的高度

信念，让他生活得有声有色；信念，为他开创了一个新的高度。

他从小被一所大学里的一对教授夫妇收养。两岁的时候，他突然奇怪地停止长高了，而且他的健康状况也越来越差。经过专家会诊，他患的是一种罕见的阻碍消化和吸收食物营养的疾病，医生们认为他只能再活六个月了。还好，经过静脉注射营养液，他勉强恢复了体力，但是他的生长发育受到了抑制。

他在医院里住了很长一段时间，一直到九岁。他只能在心里计划着去答复那些嘲笑他、管他叫"花生豆"的孩子们。

多年以后，他回忆道，在他的潜意识里面，"那一切的经历让我梦想在体育上能取得一些成功"。有时，他的姐姐苏珊会去滑冰场滑冰，他总是跟着一起去。他站在场外，那么虚弱瘦小、发育不良，鼻子里还插了一根直到胃里的鼻饲管，平时那根管子的另一头就用胶带贴在他的耳朵后面。

一天，他看着他的姐姐在冰面上飞驰，突然转身对父母说："听我说，我想试试滑冰。"两个正在谈话的大人吓了一跳，难以置信地看着病弱的孩子。

最终他尝试了，并喜欢上了滑冰，开始狂热地练习。在滑冰之中他找到了乐趣，他可以胜过别人，而且身高和体重在滑冰场上并不重要。

在第二年的健康检查中,医生吃惊地发现,他竟然又开始长个儿了。虽然对他来说,达到正常的身高已经不可能,但是他和他的家人都不在乎了。重要的是,他正在恢复健康,正在获得成功,正在实现自己的梦想。

后来,没有哪个孩子会再嘲笑、戏弄他了。正好相反,他们全都欢呼着冲上前去请他签名。他参加了一次又一次令人赞叹的世界级滑冰比赛,一系列高难度的冰上动作让观众如痴如狂。

目前他已经退役,不再当职业滑冰选手了,但是他仍旧是冬季运动中受人尊敬的教练、顾问和评论员。

虽然他身高只有一点五九米,体重才五十二公斤,但是他肌肉健美,精力充沛。他就是前奥运滑冰冠军——斯科特·汉密尔顿,他自信而坚强,身高无法限制他的信念和力量。

文/[美]丹尼斯·怀特雷

坚持信念,突破自我

斯科特·汉密尔顿凭着坚定的信念,克服身体的缺陷,创造了滑冰运动的奇迹。信念,让他生活得有声有色;信念,为他开创了一个新的高度。

信念,对于一个人的一生来说,是非常宝贵的,就好像是茫茫大海里的一座灯塔,为你指明了前进的方向,为你照亮前进的道路。坚持自己的信念,就能唤起人们对未来的美好憧憬,并鞭策人们为目标百折不挠地去探索,去奋进。

的确,没有人能在事业的奋斗中不遇到困难,不经历挫折。但是,坚定的信念却能支撑一个人走向成功。在困难面前,你如果没有顽强的信心去面对,坚持自己的信念,就算你跑得再快,也会没有足够的力量向前,轰然倒下,最终也只是一个失败者。

面对困境,要对自己有信心,对未来有信心,对生活充满期望,要坚信成败并非命中注定,而是取决于自己是否努力,

更要坚信自己能战胜一切困难。斯科特·汉密尔顿就是靠着一种信念,不但活了下来,身高长高了不少,还成了奥运滑冰冠军。有时候,信念能创造奇迹。

赏析/李林荣

改写历史的人

只有流过血的手指,才能弹出人世间的绝唱。

二〇〇二年二月十六日美国当地时间二十点五十分,她像风一样冲过终点,夺得冬奥会女子五百米速滑的金牌。她,让中国体育代表团摆脱过去六届的阴影,实现了冬奥会金牌"零"的突破,结束了长达二十二年的漫长等待。她,就是年轻的短道速滑名将杨扬!

每个人都会为自己选择一种生活,杨扬为自己选择的生活就是短道速滑。

从九岁开始,杨扬就把自己的大部分时间用在冰场上,冰场已经成为她生活中很大一部分了。在冰场上,她表达着自己对生活的热情和执著,力求把每一个动作做到尽善尽美。她享有的不仅是在冰上自由自在的感觉,还有不断经历着的挫折或失败。

冠军总是饱受磨难的,在通往冠军的道路上,没有一马平川可言。

一九八八年,十三岁的杨扬进入了省体校。在全班的十名运动员中,杨扬的基础是最差的。教练让她先做一年的自费生,费用自给。这件事让小小的杨扬感到极大的耻辱，自尊心极强的她憋着一口气：
"说什么也不能让别人给退回去。"在随后的训练中，杨扬在每一堂课
里都非常的认真，努力做好每一个动作，尽量达到教练的要求。通过
一年的努力，杨扬的成绩已经是名列前茅了。

在十八岁的时候，杨扬遭受到人生的一个重大的打击。年仅四十
四岁的父亲在车祸中身亡。那是杨扬人生中最为黑暗的日子。但她知
道她自己将负起整个家庭的重任。生活将她的性格磨炼得异常坚强，
在以后的训练和生活中，她表现出了同龄人少有的成熟以及坚毅。

英雄之路是曲折而漫长的。命运常常会和你开玩笑，能直面困
难，才能最终成为英雄。

一九九九年，杨扬入选了国家短道速滑队，代表中国参加长野冬
奥会。当杨扬满怀信心向冠军发起冲击时，裁判们却以"横切犯规"让
她与冠军失之交臂。杨扬仿佛一下子从天堂跌到了地狱，而她只能和
她的好朋友陈露抱头痛哭。

然而，冠军是击不倒的。你可以在赛场上打败她，但你永远无法
击倒她。

凭借着对冠军的渴望，杨扬更加刻苦训练。在四年间，她相继参
加了亚洲冬运会、世界锦标赛等一系列重大的国际大赛，共获得五十
多枚金牌，为其将来在奥运会夺金增强了信心。

经历了常人不可想象的挫折，天资并不出众的她，凭借着对滑冰
的执著和自信，在几年之后的二〇〇二年，终于站在了奥运会的最高
领奖台。

文/张里权

磨难，让成功更甜蜜

英雄多磨难，在杨扬的身上，我们看到了英雄的形象，也
看到了她克服困难的道道痕迹，正是她历尽艰辛、越挫越勇的
精神铸造了她的光辉业绩。

当然，在遇到挫折的时候，我们面临的问题会特别多，心

理也显得特别的脆弱,好像风一吹就会支离破碎,再也找不到往昔的快乐,感到身心疲惫,厌恶生活。在这个时候,我们要特别警醒自己:不能屈服,不能放弃,坚持就是胜利,坚信跨过这个泥泞山路,就是宽阔的大道。如果我们能坚强面对,换一个角度,转一个大弯,就能看到不一样的风景。只有历经失败的痛苦,才能懂得珍惜成功的喜悦;只有经过苦涩的煎熬,才能真正懂得甜蜜的滋味;也只有流过血的手指,才能弹出人世间的绝唱。

黑暗的乌云,挡不住天空的视线,当雷雨过后,天空会更加湛蓝,甚至会出现美丽的彩虹。温室里培育的只是矮小灌木,只有经历过风雨洗礼的幼芽,才能长成苍天大树。

赏析/李林荣

从咖啡馆跑堂到奥运会冠军

别人看不起你不重要,重要的是你自己要看得起自己。

他出生在一个贫寒的家庭,一日三餐都难以保证,连鞋子也没得穿,经常光着脚踢足球,他最爱好的是长跑。

十一岁时,他辍学了,迫于糊口的压力,就去咖啡馆当了跑堂。他每天都要工作到深夜,但还是坚持锻炼长跑。为了能进行锻炼,每天早上五点钟就起来,以致他的脚跟都发炎脓肿了。

为了生活，他报名参加了法国田径冠军赛。他先是参加了一万米冠军赛，只得了第三名。后来，他决定再参加五千米比赛，这次他取得了第二名。很幸运，他被"伯乐"选中并被带进了伦敦奥林匹克运动会。在当时，他还不知道什么是奥林匹克运动会，当看到奥运会是如此宏伟壮观时，他异常惊讶。他虽然是法国人并代表法国队，但没有人认为他是一名法国选手，没有一个人看得起他。比赛前，他想请专为运动员做按摩的按摩师给自己按摩，但遭到了按摩师的拒绝。按摩师看不起这名从咖啡馆里走过来的小跑堂。

那天下午，他参加了一万米决赛。在糟糕的天气里，同伴们一个接一个地落在他的后面。他成了第四名，随后是第三名。很快，他发现，只有捷克著名的长跑运动员扎托倍克一个人跑在他前面进行冲刺，他终于得了第二名。就这样，他为法国，也为自己争得了第一枚世界银牌。获奖后，人们并没有看起他，而且把他的成功归因于糟糕的天气。这使他感到异常难受。

令他感到欣慰的是，在伦敦奥运会四年以后，他又被选中代表法国去赫尔辛基参加第十五届奥运会了。在那里，他打破了一万米法国纪录，并在被称之为"本世纪五千米决赛"的比赛中，再一次为法国赢得了一枚银牌。随后，在墨尔本奥运会上，他参加了马拉松比赛。以一分四十秒跑完了最后四百米，终于成了奥运会冠军！从此，他再也不用去咖啡馆当跑堂了。

这位历经辛酸从社会最底层拼搏出来的法国著名长跑运动员、法国一万米长跑纪录创造者、第十四届伦敦奥运会一万米比赛亚军、第十五届赫尔辛基奥运会五千米比赛亚军、第十六届墨尔本奥运会马拉松赛冠军就是大名鼎鼎的阿兰·米穆。

文/李俊杰

成功对于每个人都是平等的

阿兰·米穆被选中参加奥运会，但是在那里，没有一个人看得起他，因为他出身贫寒，只是一家咖啡馆里的跑堂而已。

即使获奖后，人们也没有对他刮目相看，只是把他的成功归因于糟糕的天气。

别人看不起你不重要，重要的是你自己要看得起自己。如果连自己都失去了信心，失去了前进的动力，那么，别人对你还有期望吗？贫穷没什么可怕，可怕的是丧失了斗志，丧失了摆脱贫穷的思想。辉煌来自勤奋，拼搏铸就成功，这句名言同样适用于生活在底层的人们。

成功对每个人都是平等的，不管是谁，都可以通过自己的努力来获得。它不会因你出身名门而对你特别照顾，也不会因你出身贫穷而对你冷漠疏远，它特别眷恋的只是那些勤奋的人，为梦想不断努力的人。所以，我们每个人，不要因为自己的出身不好而自暴自弃，也不要因为自己暂时得不到别人的赏识而放弃努力。加油吧，只要努力，成功始终都会追随着你。

赏析/李林荣

第七辑　让生命化蛹成蝶

　　知道一只蝴蝶的生命经历吗？从卵到幼虫，从幼虫到蛹，破蛹裂变，终于脱离躯壳，用最美丽的姿态飞翔在花朵间。知道我们的成人经历吗？从胚胎发育成形，到五官和四肢的长成，从母亲的十月苦候，到我们的呱呱坠地，蹒跚学步，咿呀学语，识文断字，犯错改错……至于我们能不能如蝴蝶一般美丽飞翔，更需一生的历练。

　　无论我们所处的位置高低，只要力所能及地展开翅膀，即使不能在高空奋进，也能在内心翱翔，像蝴蝶一样。

小河
唱着激昂的歌儿
自山谷中奔来
我问
去哪里
她说
大海

妈妈，我找了你好久

请帮助另外十个人吧，那就是对我的最大感谢！

这是发生在德国的一个真实感人的故事。一个九岁的孤儿德比为了寻找母亲，表达对母亲的爱，他每帮助一个人，就请求他去帮助另外十个人。他想，以这种爱心传达的方式，总有一天自己的母亲也会成为被帮助的对象。他对母亲的这份深沉的爱感动了整个德国，人们掀起了"十件好事"的行动，德比成了德国的小名人。然而不幸的是，德比却遇刺身亡。在他弥留之际，无数的德国母亲要假扮德比的母亲来陪伴他。爱如潮水，涌动在每一个人的心房……

一九九四年二月，冬天，德国北部城市科部仑兹市莱茵河畔的伊特洛孤儿院的门口，一个修女发现一个有着金色头发的男婴。修女将他留下了，并给他取名德比。

转眼七年过去了，德比在孤儿院里健康长大，他心地善良，但性格却有些忧郁。当他知道自己是被父母抛弃的孩子，他很伤心地问修女："我的父母是不是不爱我？"修女吃惊地问："你怎么会这么想呢？""大家都这么说，我们都是被父母抛弃的孩子。"德比答道。修女安慰他："虽然我没有见过你的妈妈，但我相信她一定是爱你的，世界上没有不爱孩子的母亲。当年你母亲之所以抛弃你，一定是很无奈的。"德比没有说话，但是从此他仿佛突然长大了许多，经常独自在孤儿院的窗口眺望,寻找着他的母亲。

二〇〇三年母亲节,节日的温馨气氛再次燃起了德比对母亲的强烈渴望。那天,每个电视台都在热播庆贺母亲节的节目,他们拍摄了孩子们在母亲节里为母亲奉献爱心的镜头。有一个六岁的小男孩在汗流浃背地帮父母修剪草坪,他的母亲在一旁看着儿子,激动得热泪盈眶。德比对修女说:"我也想帮我父母干活!你知道他们在哪里吗?"他想帮他的父母干活。

九岁的德比离开了孤儿院,到附近一所小学读书。一次课上,老师给学生讲了一个故事:"古时有个皇帝,爱上围棋游戏,决定嘉奖游戏的发明者。结果发明者的愿望是让皇帝赏他几粒米,在棋盘上的第一格放上一粒米,在第二格上放上两粒米,在第三格上加倍至四粒……以此类推,直到放满棋盘。结果最后是一千八百万亿粒米,总数相当于全世界的米粒总数的十倍。"

这个故事让德比的眼睛顿时亮了,他受到了启发:他想如果他帮助一个人,然后请这个人帮助另外十个人,以这样的方式传递爱心,也许终有一天受帮助的那个人就是自己的妈妈。这个念头令德比兴奋异常。此后他每帮助别人做一件好事,别人感谢他时,他总说:"请帮助另外十个人吧,那就是对我的最大感谢!"

那些收到德比帮助的人对这个善良的孩子充满感激,更对德比这种特殊的传递爱心的方式感到震撼。他们像实现自己的诺言似的,帮助另外十个人,同时也告诉那些受到帮助的人去帮助十个人。一个爱心的无形之网就这样在该市的市民中悄悄地展开了……

德比无意中帮助了一名主持人,当主持人感谢他时,他也同样地说:"请帮助另外十个人吧,那就是对我的最大感谢。"主持人感到很奇怪,问他为什么会有这样的想法,他不好意思地说:"我是个孤儿,我想帮我母亲干活,可是,我不知道我母亲在哪里,说不定,这样有一天有人会帮助到她。"德比不好意思地说。主持人受到了深深的感动,于是他通过电台述说了德比的故事,发动大家一起帮德比寻找他的妈妈。

整个德国掀起了一股"做十件好事"的热潮,昔日冷漠的人们变得有人情味了,人们都盼望着自己所帮助的那个人正是德比的母亲。

德比出名之后，给学校里的流氓盯上了，他们认为成名的德比一定有很多钱。二〇〇四年二月十六日夜晚，德比在回学校的路上，被一群小流氓围住。然而他们在德比的身上没有找到钱，恼羞成怒的流氓用匕首将德比刺伤。德比倒在血泊中，直到两个小时后才被巡逻的警察发现送到医院。在医院里，昏迷中的德比一直在喃喃呼唤："妈妈，妈妈……"

自德比被刺的消息传出后，两个小时内电视台接到几百个女人的电话，纷纷表示她们愿意当德比的妈妈。一个电话是科部仑兹市的名叫朱迪的女人打来的，她的孩子几年前失踪了，一直在寻找孩子的她动情地说："如果我的孩子像德比那样思念我，我觉得太幸福了。我希望我能成为德比的母亲，用一颗母亲的心真诚地爱他！"成千上万的电话涌向电视台，成千上万个母亲表达了她们最诚挚最迫切的心声："让我做德比的妈妈吧！"

可是德比只有一个母亲，电视台只能选择一个人作为德比的母亲去照顾他。时间紧迫，经过大家的激烈讨论，决定让朱迪做德比的母亲。

二〇〇四年二月十七日早晨，昏迷多时的德比睁开了眼睛，朱迪捧着一束美丽的百合花出现在德比的床边，握着他的小手说："亲爱的德比，我就是你的母亲。"德比仿佛看到了太阳一般，他的眼睛突然亮了，他惊讶地说："你真的是我的母亲吗？"朱迪含着泪用力地点点头，在场的所有人也朝德比微笑着点头。两行热泪从德比的眼睛里滚落："妈妈，我找了你好久啊！请你再也不要离开我，好吗？"

朱迪点点头，哽咽道："放心吧，妈妈再也不会离开了。"德比苍白的小脸露出了笑容，他还想说更多的话，可是已经没有力气。这是德比在人间停留的最后一天，他的手一直握着朱迪的手，不肯松开，他也不愿闭上眼睛，他要多看一眼母亲，在场的所有医护人员的眼泪没有停止过。

二〇〇四年二月十八日凌晨，德比闭上了眼睛，永远离开了人间，他那只握着母亲的手一直没有松开。

文/金铃子

爱心传递

虽然故事结局有些伤感，但德比高尚的品格，一直深深地感动着我，我相信，也一定会感动着每一位有爱心的人。

在帮助他人的时候，德比根本不想他人的回报，他认为，帮助别人就是对自己的回报，对母亲的报答，对社会的最好回报。他这种助人方法，是建立在无私的爱的基础上的，是对母亲的爱的渴求的广泛推广。

互相帮助，是一种优良的道德传统；爱心连动，是一种更高尚的道德情操。前一段时间，全国各地都出现了"抱抱团"，号召人们伸出双手，轻轻拥抱一下，真诚沟通，消除隔膜，让彼此的温暖互相传递。这可能是实践德比诺言的另一种形式，也是另一种爱心传递方式。其实，只要大家相互信任，心存感激，那么，世界将会更加温馨，人人相处得更加和谐。

无论在学习上，还是在生活上，我们都应该互相关照，用我心交你心，真心真意，乐于助人。一传十，十传百……让我们的真情彼此传递，让我们的感激彼此释怀。

赏析/李林荣

八岁女孩的墓志铭：我来过，我很乖

人已去，爱还在，善良的人对女孩的爱会伴着她到另一个世界，女孩留下的爱也将永远留在人间。

有一个美丽的小女孩，她的名字叫佘艳。她是一个孤儿，她在这个世界上只活了八年，她留在这个世界上最后的话是"我来过，我很乖"。她自愿放弃治疗，把全世界华人捐给她的五十四万元救命钱分成了七份，把生命当成希望的蛋糕分给了七个正徘徊在生死线上的小朋友。

我自愿放弃治疗

她一出生就不知道亲生父母是谁，她只有收养她的"爸爸"。

一九九六年十一月三十日，正是当年农历十月二十日，"爸爸"佘仕友在永兴镇沈家冲一座小桥旁的草丛中发现被冻得奄奄一息的这个新生婴儿时，发现她的胸口处插着一张小纸片，上面写着：十月二十日晚上十二点。

住在四川省双流县三星镇云崖村二组的佘仕友当时三十岁，因为家里穷一直找不到对象，如果要收养这个孩子，恐怕就更没人愿意嫁进门了。看着怀中小猫一样嘤嘤哭泣的婴儿，佘仕友几次放下又抱起，转身走又回头，这个小生命已经浑身冰冷哭声微弱，再没人管只

怕就没命了！咬咬牙，他再次抱起婴儿，叹了一口气："我吃什么，你就跟我吃什么吧。"

佘仕友给孩子取名叫佘艳，单身汉当起了爸爸，没有母乳，也买不起奶粉，就只好喂米汤，所以佘艳从小体弱多病。春去春又回，如同苦藤上的一朵小花，佘艳一天天长大了，她出奇的聪明乖巧，乡邻都说捡来的娃娃智商高，都喜欢她。尽管从小就多病，在爸爸的担惊受怕和精心呵护中，佘艳还是慢慢地长大了。

命苦的孩子的确不一般。从五岁起，她就懂得帮爸爸分担家务，洗衣、煮饭、割草，她样样做得好；她知道自己跟别家的孩子不一样，别家的孩子有爸爸有妈妈，自己的家里只有她和爸爸，这个家得靠她和爸爸一起来支撑，她要很乖很乖，不让爸爸多一点点忧，生一点点气。

上小学了，佘艳知道自己要好学上进，要考第一名，不识字的爸爸在村里也会脸上有光，她从没让爸爸失望过。她给爸爸唱歌，把学校里发生的趣事一样一样讲给爸爸听，把获得的每一朵小红花仔仔细细贴在墙上，偶尔还会调皮地出道题目考倒爸爸……每当看到爸爸脸上的笑容，她会暗自满足："虽然不能像别的孩子一样也有妈妈，但是能跟爸爸这样快乐地生活下去，也很幸福了。"

从二〇〇五年五月开始，佘艳开始经常流鼻血。有一天早晨，她正要洗脸，突然发现一盆清水变得红红的，一看，是鼻子里的血正向下滴，不管采用什么措施，都止不住。

实在没办法，佘仕友带她去乡卫生院打针，可小小的针眼也出血不止，她的腿上还出现大量"红点点"，医生说："赶快到大医院去看！"于是他们马不停蹄地来到成都大医院，可正值会诊高峰，她排不上轮次，独自坐在长椅上按住鼻子，鼻血像两条线直往下流，染红了地板。她觉得不好意思，只好端起一个便盆接血，不到十分钟，盆子里的血就盛了一半。

医生见状，连忙带孩子去检查。检查后，医生马上给佘仕友开了病危通知单：佘艳得了"急性白血病"！

看着父亲那双忧郁的眼睛和日渐消瘦的脸，佘艳总有一种酸楚的感觉。一次，佘艳拉着爸爸的手，话还未出口眼泪却冒了出来："爸爸，我想死……"

父亲一脸惊愕地看着她："你才八岁，为啥要死？"

"我是捡来的娃娃，大家都说我命贱，害不起这病，让我出院吧……"

六月十八日，八岁的佘艳代替不识字的爸爸，在自己的病历本上一笔一画地签字："自愿放弃对佘艳的治疗。"

八岁女孩乖巧安排后事

当天回家后，从小到大没有跟爸爸提过任何要求的佘艳，这时向爸爸提出两个要求：她想穿一件新衣服，再照一张相片，她对爸爸解释说："以后我不在了，如果你想我了，就可以看看照片上的我。"

第二天，爸爸叫上姑姑陪着佘艳来到镇上，花三十元给佘艳买了两套新衣服，佘艳自己选了一套粉红色的短袖衫、短裤，姑姑给她选了一套白色红点的裙子，她试穿上身就舍不得脱下来。三人来到照相馆，佘艳穿着粉红色的新衣服，双手比着"V"字手势，努力地微笑，最后还是忍不住掉下泪来。

她已经不能上学了，她长时间背着书包站在村前的小路上，目光总是湿漉漉的。

如果不是《成都晚报》的一个叫傅艳的记者，佘艳将像一片悄然滑落的树叶一样，静静地从风中飘下来。

傅艳从医院方面得知了情况，写了一篇报道，详尽叙说了佘艳的故事。

很快，《八岁女孩乖巧安排后事》的故事在蓉城传开了，成都被感动了，互联网也被感动了。无数市民为这位可怜的女孩心痛不已，从成都到全国乃至全世界，现实世界与互联网空间联动，所有爱心人士开始为这个弱小的生命捐款，"和谐社会"成为每个人心中的最强音。短短十天时间，来自全球华人捐助的善款就已经超过五十六万元，手术费用足够了，小佘艳的生命之火被大家的爱心再次点燃！宣布募捐活动结束之后，仍然有捐款源源不断地寄来。

六月二十一日，放弃治疗回家等待死神的佘艳被重新接到成都，住进了市儿童医院，卑微的生命有了延续下去的希望和理由。

佘艳接受了难以忍受的化疗。玻璃门内，佘艳躺在病床上输液，

旭日飞扬·精华版

床头旁边放着一把椅子,椅子上放一个塑料盆,她不时要侧身呕吐。小女孩的坚强令所有人吃惊。她的主治医生徐鸣介绍,化疗阶段胃肠道反应强烈,佘艳刚开始时经常一吐就是大半盆,可她"连吭都没吭一声"。刚入院时做骨髓穿刺检查,针头从胸骨刺入,她"没哭,没叫,眼泪都没流,动都不动一下"。

佘艳从出生到死亡,没有得到一丝母爱的关照。当徐鸣医生提出:"佘艳,给我当女儿吧!"佘艳眼睛一闪,泪珠儿一下就涌了出来。第二天,当徐鸣医生来到她床前的时候,佘艳竟羞羞答答地叫了一声:"徐妈妈。"徐鸣开始一愣,继而笑逐颜开,甜甜地回了一声:"女儿乖。"

所有的人都期待奇迹发生,所有的人都在盼望佘艳重生的那一刻。很多市民来到医院看望佘艳,网上很多网民都在问候这位可怜的孩子,她的生命让陌生的世界汇成爱的海洋。

那段时间,病房里堆满了鲜花和水果,到处弥漫着醉人的芬芳。

八月二十日清晨,她问傅艳:"阿姨,你告诉我,他们为什么要给我捐款?"

"因为,他们都是善良人。"

"阿姨,我也做善良人。"

"你自然是善良人。善良的人要相互帮助,就会变得更加善良。"

佘艳从枕头下摸出一个数学作业本,递给傅艳:"阿姨,这是我的遗书……"

傅艳大惊,连忙打开一看,果然是小佘艳安排的后事。

这是一个年仅八岁的垂危孩子,趴在病床上用铅笔写了满满三页纸的"遗书"。由于孩子太小,有些字还不会写,且有个别错别字。看得出整篇文章并不是一气呵成的,而是分成了六段。开头是"傅艳阿姨",结尾是"傅艳阿姨再见",整篇文章"傅艳阿姨"或"傅阿姨"共出现七次,还有九次简称记者为"阿姨"。这十六个称呼后面,全部是关于她离世后的"拜托",以及她想通过记者向全社会关心她的人表达"感谢"与"再见"。

"阿姨再见,我们在梦中见。傅艳阿姨,我爸爸房子要垮了。爸爸不要生气,不要跳楼。傅阿姨你要看好我爸爸。阿姨,医我的钱给我们学校一点点,多谢阿姨给红十字会会长说,我死后,把剩下的钱给那些得和我一样病的人,让他们的病好起来……"

这封遗书,让傅艳看得泪流满面,泣不成声。

我来过,我很乖

八月二十二日,由于消化道出血,几乎一个月不能吃东西、只靠输液支撑的佘艳,第一次"偷吃东西":她掰了一块方便面塞进嘴里。很快,消化道出血加重,医生护士紧急给她输血、输液……看着佘艳腹痛难忍、痛苦不堪的样子,医生、护士都哭了。大家都愿意帮她分担痛苦,可是,想尽各种办法还是无济于事。

八岁的小佘艳终于远离病魔的摧残,安详离去。

所有人都无法接受这个事实:那个美丽如诗、纯净如水的"小仙女"真的去了另一个世界吗?

八月二十六日,佘艳的葬礼在小雨中举行,成都市东郊殡仪馆火化大厅内外站满了热泪盈眶的市民。他们都是八岁女孩佘艳素不相识的"爸爸妈妈"。为了让这个一出生就被遗弃、患白血病后自愿放弃治疗的女孩最后离去时不至于太孤单,来自四面八方的"爸爸妈妈们"默默地冒雨前来送行。

她的墓地上有一张笑吟吟的照片,碑文正面上方写着:"我来过,我很乖(1996.11.30~2005.8.22)。"

遵照小佘艳的遗愿,把剩下的五十四万元医疗费当成生命的馈赠留给其他患白血病的孩子。这七个孩子分别是杨心琳、徐黎、黄志强、刘灵璐、张雨婕、高健、王杰,他们当中年龄最大的十九岁,最小的只有两岁,都是家境非常困难、挣扎在死亡线上的贫困子弟。

文/姜　锋

人已去,爱还在

读罢文章,心里随即衍生淡淡的哀伤——为八岁的女孩佘艳而哀叹生命的脆弱。但同时,更多的是为这女孩的懂事而感动。

当生命即将走向尽头的时候,我们不得不承认生命的短暂,埋怨命运的不公。有人默默地接受命运,但有的人在接受不幸的同时,会竭力把最后的爱献给别人。女孩在人们身上得到了爱,她也学会了爱别人。一封满是错别字的遗书,却好比一封装满爱的天书。一个八岁的女孩,拥有一颗美丽善良的心灵。即使她最终离开了爱她的人们,但她的爱已深深地留在人们的心中。佘艳的举动感动了周围的人,所以在她的葬礼上,很多素不相识的"爸爸妈妈"都为她而热泪盈眶了。

"我来过,我很乖",只有用心的人才能读懂它,似是充满稚气的一句话,却让我们读后感到久有余温,感到欣慰。人已去,爱还在,善良的人对女孩的爱会伴着她到另一个世界,女孩留下的爱也将永远留在人间。就让我们祝福已去的人,好好感受这份炽热的爱。

赏析/张艳霞

让生命化蛹成蝶

然而,上天虽然决定了人的外貌体征,命运仍然掌握在每个人自己的手中。

一个小孩,相貌丑陋,说话口吃,而且因为疾病导致左脸局部麻痹,嘴角畸形,讲话时嘴巴总是歪向一边,还有一只耳朵失聪。

为了矫正自己的口吃,这孩子模仿古代的一位演说家,嘴里含着小石子讲话。看着嘴巴和舌头被石子磨烂的儿子,母亲心疼地抱着他流着眼泪说:"不要练了,妈妈一辈子陪着你。"懂事的他替妈妈擦着眼泪说:"妈妈,书上说,每一只漂亮的蝴蝶,都是自己冲破束缚它的茧之后才变成的。我要做一只美丽的蝴蝶。"

后来,他能流利地讲话了。因为他的勤奋和善良,他中学毕业时,不仅取得了优异成绩,还获得了良好的人缘。

一九九三年十月,他参加全国总理大选。他的对手居心叵测地利用电视广告夸张他的脸部缺陷,然后写上这样的广告词:"你要这样的人来当你的总理吗?"但是,这种极不道德、带有人格侮辱的攻击招致大部分选民的愤怒和谴责。他的成长历程被人们知道后,赢得了选民极大的同情和尊敬。他说的"我要带领国家和人民成为一只美丽的蝴蝶"的竞选口号,使他以高票当选为总理,并在一九九七年再次获胜,连任总理,人们亲切地称他是"蝴蝶总理"。他就是加拿大第一位连任两届的总理让·克雷蒂安。

是的,有些东西我们无法改变,比如低微的门第、丑陋的相貌、痛苦的遭遇。这些都是我们生命的"茧"。但有些东西则人人都可以选择,比如自尊、自信、毅力、勇气,它们是帮助我们穿破命运之茧、由蛹化蝶的生命之剑。

文/明飞龙

让生命的美丽勇敢绽放

读完《让生命化蛹成蝶》,我们无法不为"蝴蝶总理"——让·克雷蒂安而感动。命运的不公让克雷蒂安生来便"相貌丑陋,说话口吃,左脸局部麻痹,嘴角畸形,还有一只耳朵失聪"。这是多么可怕的天生缺陷啊!但命运同时又是公平的,她给了克雷蒂安一颗汇聚了自尊、自信、毅力与勇气的心灵。正是这颗美丽的心灵,让克雷蒂安克服种种困难与磨难,征服了自己的人生,更征服了万千国民。

自呱呱落地那一刻起,每个人便拥有了上天赐予的、自己无法改变的外貌体征。幸运的人从那一刻起便具备了某些令

人羡慕的天生禀赋,而不幸的人却要注定了一生都与某些天生的不足或缺憾为伴。然而,上天虽然决定了人的外貌体征,命运仍然掌握在每个人自己的手中。妄自菲薄、自暴自弃的人只会永远生活在黑暗与苦闷中,只有那些立志成材、坚韧勇敢的人,才能冲破束缚自己的命运之茧,最终成为美丽的蝴蝶。

克雷蒂安就是后者的代表,外貌的缺陷没有让他丧失生活的勇气,相反他充满斗志、自尊自信,以常人所不能忍受的方式锻炼自己,并一路向他的目标进发,终于成为一只美丽的蝴蝶。朋友,与克雷蒂安相比,我们生活中的那一点点小挫折又算得了什么?我们还有什么理由自怨自艾、自暴自弃?只要你心中有目标,它就会像一盏灯照亮你的人生道路,让你冲破困难化蛹成蝶!

生命的挣扎既然是生活必需的"佐料",那么就用最澎湃的生命激情,最坚韧的生活毅力来将苦难融化,将荆棘斩除。因此,当你碰到窘迫或苦难时,不要彷徨,更不要放弃,因为你拥有一个化蛹成蝶的机会。

赏析/王　嘉

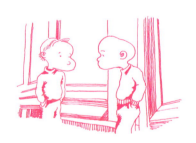

没被改写的人生

做事先做人,最珍贵莫过一诺千金。

他出生在香港一个贫困家庭,很小就被家人送到戏班。那时,演戏是下九流的行当，只有走投无路的穷苦人家，才有此举。

按照旧时梨园行的规矩，父亲同戏班签了生死状，在约定期限内，他的生杀大权都在师傅手中。戏班里的管教异常严厉，本该在父母膝下承欢的年纪，他却在师傅的鞭子与辱骂下练功，吃尽苦头。时间不长，他就偷偷跑回了家，父亲勃然大怒，坚决叫他回去："做人应当信守承诺，已经签了合同，绝不能半途而废。咱人虽穷，志不能短！"他只好重新回到戏班，刻苦练功，这一练就是十几年。

终于学有所成时，戏曲行业却一落千丈，他空有一身本事，毫无用武之地。当时香港电影业正在迅速发展，但是男影星都是貌比潘安，威武雄壮。个子不高、大鼻子小眼睛的他，怎么在电影界混呢？

经人介绍，他进了香港邵氏片场，做了一个"臭武行"，跑龙套。他扮演的第一个角色，居然是一具"死尸"。苦点累点不算什么，更要命的是，跑龙套的没有尊严，时常遭人百般刁难，冷嘲热讽。在那样的环境里，他没有怨天尤人，依然刻苦勤奋。由于学得一身好功夫，为人厚道，几年下来，他逐渐担当主角，小有名气，每月能拿到三千元薪水。

有一天，行业内的何先生约他出去，请他出演一个新剧本的男主角，"除了应得的报酬，由此产生的十万元违约金，我们也替你支付。"何先生说完强行塞给他一张支票，匆匆离去。

他仔细一看，支票上竟然签着一百万元，好大一笔巨款！他从小受尽苦难，尝遍艰辛，不就是盼望能有今天吗？可转念一想，如果自己毁约，手头正拍到一半的电影就要流产，公司必将遭受重大损失。于情于理，他都不忍弃之而去。

一宿难眠，次日清晨，他找到何先生，送还了支票。何先生很是意外，他则淡淡地说："我也非常爱钱，但是不能因为一百万元就失信于人，大丈夫当一诺千金。"

何先生非常欣赏这位年轻人，他的事情也很快传开了。公司得知非常感动，主动买下了何先生的新剧本，交给他自导自演。就这样，他凭借电影《笑拳怪招》，创造了当年票房纪录，大获成功。

那年他才二十二岁，全香港都认识了他——成龙。

从影三十多年以来，成龙一直都很拼命，重伤二十九次，却从未趴下，拍了八十多部电影，在全世界拥有二点九亿铁杆影迷，还是第一个把手印、鼻印留在好莱坞星光大道上的中国演员。

有一次，成龙受邀去国外参加一个颁奖典礼，好莱坞大牌影星云集。他有些底气不足，谦逊规矩地站在一旁。出乎意料，那些大牌竟然主动排好队，一一上来同他握手。他这才恍然大悟："哦，原来我也是大明星。"

在一次电视访谈中，成龙回忆起这些往事，感慨万千，深情地说道："坦率地讲，我现在得到了很多东西。但是，如果当初我背信弃义，从戏班逃走，没有这身过硬的武功，或者为了得到那一百万元一走了之，我的人生肯定要改写。我只想以亲身经历告诉现在的年轻人，金钱能买到的东西总有不值钱的时候，做人就应当诚实守信，一诺千金。"

做事先做人，最珍贵莫过一诺千金。

文/姜钦峰

承诺比金钱更重要

一百万，可以让很多人背信弃义，但是成龙知道，承诺是金钱买不到的东西，而是否遵守承诺决定了一个人能否受到别人的尊重和敬佩。所以他坚守了自己的承诺，也感动了别人。经过多年的坚持奋斗，厚道地对待所有的刁难，终于有了今天的成龙。

假如成龙当初接受了那一百万，那他就不会有今天的成就，而是成了一个行为卑劣的人，即使何先生暂时和他合作了，过后也会害怕他像背弃邵氏一样背弃自己，而不再跟他合作，成龙再也得不到别人的信任，只能退出演艺事业了。信守承诺让成龙的人生没有被改写，当年贫困的小人物终于成了今天世界闻名的大明星。成龙用他的亲身经历告诉我们：做人就应当诚实守信，一诺千金。

人与人之间的沟通靠的就是互相信任，信任就像是架在心与心之间的桥梁，让人们放心地靠近。可是你不守信用，就是相当于空口说了大话，丧失了一诺千金的品德，别人又怎么会再相信你,再敢靠近你,给你机会呢?诱惑当前,最能看出一个人的道德品质。别让金钱买走你的诚信,因为同时失去的,还有你做人的尊严和资格。

赏析/韩文亮

生命的低谷中演绎神话

生活不是一帆风顺的,它总像一个调皮狡猾的孩子,常常跟你开一个玩笑,刁难你。

他颈椎以下的部位全部瘫痪,四肢已经变形、僵硬、泛黑。在木床上躺了近三十年的身体,只有头部还听使唤。但他还是庆幸自己能拥有一天又一天。

他叫林豪勋,台湾东卑南人。他二十八岁那年无意中从二楼摔下,造成颈椎以下全身瘫痪,这打乱了他的人生布局,生命顿时乱了谱。

卧床的头两年,林豪勋几乎绝望。姐姐告诉他:"自怨自艾只不过是在践踏自己。真正的男子汉应该有勇气开创未来。"他的心灵受到很大的触动。

一九九〇年底,朋友送他一台淘汰的286电脑。从此,林豪勋开始成为"啄木鸟"——躺在床上,咬着加长的筷子敲击键盘。尽管门牙咬得缺了半截,舌头经常磨破皮,但他仍然顽强地在电脑上"啄"着生命的乐章。

他搜集了五千个单字,整理了当地卑南部落二百六十户族谱。接着又编写了工程浩大的《卑南字典》,以十六个子音、四个元音,完成了五千个族语的记录。一九九三年接触到电脑音乐后，便又以饱满的热情投入到创编卑南族古老歌谣之中，他多次成功举办怀乡歌谣演唱会，还在台湾省巡回演出，甚至远赴日本、加拿大等国演出。他还完成了气势磅礴、深富意境的第二张个人计算机音乐专辑。

他的毅力和精神让很多人湿了眼眶，也因此获得杰出残疾人士金毅奖。

文/蒋二彪

无论什么时候都不要放弃自己

二十八岁，多么年轻啊，告别了孩童的幼稚，正是一个人意气风发的年龄。可是林豪勋却在这样一个花一样美好的年华里，颈椎以下全身瘫痪。只能躺在床上，不能再奔跑，也不能实现以前的梦想了，那是一件多么令人绝望的事啊。可是姐姐的鼓励让林豪勋重新振作了起来，他以牙代手，整理了当地卑南部落二百六十户族谱，编写了工程浩大的《卑南字典》。他还创编了卑南族的古老歌谣，举办演唱会，在台湾乃至全世界巡回演出，完成了个人计算机音乐专辑。林豪勋没有被命运击倒，而是拖着残缺的身体，凭着努力和勇气开创了属于自己的未来，也谱写了一个生命的神话。这些成就恐怕健全的人也要自愧不如了。我想，被成功的光芒围绕着的林豪勋，多年后还会问自己：假如没有意外，仍然是一个健康的人，或者是当初没有勇气重新振作，还能取得今天的成就吗？

生活不是一帆风顺的，它总像一个调皮狡猾的孩子，常常跟你开一个个玩笑，刁难你。可是无论什么时候，即使是掉进黑暗的深渊里，只要你不放弃自己，不丧失面对生活的勇气，努力往上爬，依然能够沐浴到太阳的光芒，而生活开的玩笑也会变成成功的祝福。

赏析/韩文亮

感 谢 苦 难

经历得越多，你爬得就越高，看到的风景就越美丽。

"韩美林"这三个字，享誉中外，有人称其为"东方的毕加索"，楚辞专家文怀沙则反对说："毕加索是西方的韩美林！"

四年多的牢狱生涯、几次不幸的婚姻、历经苦难却心怀乐观、数以万计的书画作品、从深圳到大连的多个巨型城市雕塑，还有参与设计家喻户晓的北京二〇〇八年奥运会申办标志，以及不久前在京城引起轰动，让人觉得中国美术馆需要扩建的"韩美林艺术大展"……这一切都在说明，这是一个充满了戏剧性和新闻性的不平凡的人物。

与韩美林谈艺术，你很容易被他所感染，他是那么的充满激情；与韩美林谈生活你同样容易被他所感染，因为他是那么的真诚。对于韩美林来说，艺术就是生活，生活就是艺术。当我们询问他创作"母与子"系列作品的初衷时，韩美林说，那是一个死过三个半小时后活过来的人对生活的热爱。"活过来之后，我的第一个感觉就是生活美好，世界真好，艺术真好。"

大师说："我爱这个世界，世界上最大的爱是什么，是母爱。全世界有灵性的人或动物都爱自己的孩子，乌鸦反哺，羔羊跪乳，人呢！"大师又说："没有艺术，你就不知道世界有多好。"

这么一个热爱生活的人，生活却曾经给了他非同一般的磨难、冤屈和摧残。韩美林曾因为莫须有的罪名，被迫害入狱长达四年七个月，妻离子散，被打折了腿，被勒断了筋，还被撅断三根手指头。出狱后，他得不到平反，谨小慎微地活着，连追求爱情的勇气都没有。平反后，境遇好转，他又接连经历家庭的变故、朋友的背叛，还有一些批评家的"棍子"，以及让他到鬼门关走一遭的一场大病。

但韩美林都挺过来了，因为他永远热爱生活，永远热爱艺术。身陷囹圄，他用来打发时光的是不停地观察，从蚂蚁搬家、蜘蛛结网到耗子偷食；他不停地画，没纸就在裤子上画，画破一块再贴上一块，自己的不够，狱友就扯下布来为他补上。四年中，韩美林"裤桌"上的补丁，竟有四百多块！

当我们问他当时是不是觉得非常苦，他淡淡地说："有苦也有乐。酸甜苦辣，你不能光选甜；喜怒哀乐，你不能光选乐。"

他像忽然想起什么似的，笑着说："我当时看到小老鼠，就对他说，你怎么这么傻，你知道这是什么地方，你怎么也跟我一起来蹲监狱呢？"然后，他很认真地说："当时看到这只小老鼠的时候，就感到这个生命真是可贵。蹲过监狱后，看到蚂蚁能够活下来，觉得真是不容易，你别踩它。"

这就是韩美林，那个被阎王拒收，返回人间的路上，想到的是为好友李雪健和李媛媛求得长寿的韩美林。这就是韩美林，喜欢交朋友、说笑话、患糖尿病却有顽童般的活力，被朋友们称为"铁蛋"、"快活的大苍蝇"。

苦难没有摧毁韩美林，却塑造了韩美林。他说："我一生坎坷，从没有低过头，因为我想做一个好人，做个有用的人。我对待苦难一笑了之，我能有今天完全是苦难促成。我感谢苦难，感谢生活。"

文/张云飞　孙　梅

用微笑去生活

　　四年多的牢狱生涯、几次不幸的婚姻，如果是你，可能被苦难压得喘不过气来，失去了生活的激情，变得非常消沉。但韩美林没有,他在苦难面前,一直保持乐观的态度,把苦难当做自己人生的重要经历和宝贵财富。

人生不可能是一帆风顺的,或多或少都会经历一些不如意的事情。面对这样的困境,有些人心情特别沮丧,在苦难面前找不到出路,完全迷失了方向。有些人依然保持着积极的态度,努力寻找苦难的突破口,冲出重围,走上新的旅途。

其实,苦难是一个欺软怕硬的敌人。如果你怕它,它就会向你进逼,团团将你包围,将你覆盖,直至你看不到一丝阳光,生活在黑暗之中;如果你不怕它,勇往直前,它就会节节败退,直至消失得无影无踪。

遭受苦难并不可怕,可怕的是失去了生活的信心。当你在苦难面前,依然能保持微笑,勇敢地去克服,那么,苦难就好像一座山峰,你每渡过一次难关,你就爬上了一座高峰。经历得越多,你爬得就越高,看到的风景就越美丽。

赏析/李林荣

感　恩

用感恩的心来生活,让自己的每一天都充满希望,就会发觉你其实也拥有很多,那些所谓的苦难正是铸造你成功的因素。

他的话讲完了。整个会场一片沉静,是那种每个人都受到震撼之后的沉静。许久,才有人想起鼓掌。

掌声响亮。

那是大陆和台湾两岸的十大杰出青年的一次座谈会,地点在北京的西苑饭店。先他发言的是大陆的陈章良、孙雯和台湾的一个青年科学家。三位明星人物的发言都很精彩,但是就是太报告化了,拖的时间太长。轮到他发言时,已过了预定的会议结束时间,于是主持人宣布让他讲三分钟。

他的第一句是"日本有个阿信,台湾有个阿进,阿进就是我。"接着这句开场白,他给大家讲了他的故事:

他的父亲是个瞎子,母亲也是个瞎子且弱智,除了姐姐和他,几个弟弟妹妹也都是瞎子。瞎眼的父亲和母亲只能当乞丐,住的是乱坟岗里的墓穴,他一生下来就和死人的白骨相伴,能走路了就和父母一起去乞讨。他九岁的时候,有人对他父亲说,你该让儿子读书,要不他长大了还是要当乞丐。父亲就送他去读书。上学的第一天,老师见他脏得不成样子,给他洗了澡。这是他生命中第一次洗澡。为了供他读书,才十三岁的姐姐就忍受屈辱去挣钱。照顾瞎眼父母和弟妹的重担就落到了他小小的肩上——他从不缺一天课,每天一放学就去讨饭,讨饭回来就跪着喂父母。瞎且弱智的母亲每次来月经,甚至是他给母亲换草纸。后来,他上了一所中专学校,竟然获得了一个女同学的爱情。但未来的丈母娘说"天底下找不出他家那样的一窝窝人",把女儿锁在了家里,用扁担把他打出了门……

故事讲到这里,他说,由于时间的关系,今天就不讲太多了。然后,他提高了声音:"但是,我要说,我对生活充满感恩的心情。我感谢我的父母,他们虽然瞎,但他们给了我生命,至今我都还是跪着给他们喂饭;我还感谢苦难的命运,是苦难给了我磨炼,给了我这样一份与众不同的人生;我也感谢我的丈母娘,是她用扁担打我,让我知道要想得到爱情,我必须奋斗必须有出息……"

座谈会结束后,我才知道他叫赖东进,是台湾第三十七届十大杰出青年、一家专门生产消防器材的大公司的厂长。

文/彭　榜

　　曾经，我们为自己没有美丽的衣服而抱怨，为自己没有漂亮的脸蛋而沮丧，为自己没有同伴那样的自行车而责怪父母。我们从来没有想过自己的衣服虽然不美丽，但很整洁，有些人连一件完好的衣服都没有；我们没有想过，自己虽然不漂亮，但是世界上有多少人天生就四肢不全？抱怨父母没有提供良好的生活条件，可那也是父母竭尽所能的了，贫苦又怎能责怪他们？太阳每一天都是新的，每一天都给人希望，因为它给大家一样的阳光，那我们还有什么理由去埋怨诅咒？用感恩的心来生活，让自己的每一天都充满希望，就会发觉你其实也拥有很多，那些所谓的苦难正是铸造你成功的因素！感恩生活，这样你也会是下一个台湾阿进！

赏析/关　涛

第七辑　让生命化蛹成蝶

187

旭日飞扬·精华版

你 敢 想 吗

　　当我们有什么想法念头时，千万不要轻易放弃，坚信自己，放飞梦想，你可以成功。

亨利·福特出生在一八六三年七月三十日，当时正是美国南北战

争的年代。他的家乡在美国的密歇根的农村里,那是一个很平静和缺少帮助的村子。在这种环境下,什么都要自力更生,小福特的动手能力非常强,很喜欢做一些小玩意儿,小小年纪就会修钟表了。

后来,亨利·福特在底特律的一家商店里做职员,晚上就帮人修钟表。生活很穷苦,可是,爱动手动脑的福特并没有被穷苦的生活吓倒,他依然醉心于新机器的发明。不久,福特不得不回到父亲的农场里帮忙。在那里,他常常帮村里的人修理坏了的蒸汽机,还亲手制作了他家乡的第一台"农场火车",用蒸汽为动力,能行走四十英尺。

一八八八年,福特结婚了。可是,他并没有忘记自己的事业,他要制造出"无马马车"。有一天他突发奇想,产生了一种要设计一种新型引擎的想法,于是他把这个念头告诉了妻子,妻子鼓励他说,试试吧,或许能成功。于是,福特每天下班以后,就悄悄钻进自己家的旧棚子里,着手于自己的想法。冬天到了,他的手冻出了许多紫包,牙齿也在寒风中颤抖不止,但他对自己说:"引擎的事已经有了头绪,再坚持下去就成功了。一八九三年,亨利·福特和他的妻子驾着一辆没有马的"马车",在大街上摇晃着前进,街上的人被这个景象吓了一跳,有些胆小者还躲在远处偷偷地观看。但就从这一天起,一个新的工业时代诞生了。不久,福特正式建立了福特汽车公司。

后来,亨利又突发奇想,在大家都认为不可能的情况下,他设计并制造出著名的"T"型汽车,获得美国人的青睐,后来还远销全世界。

有时,我们总生这样的感叹,以为机遇垂青别人,成功遥不可及。实际上,对于我们追求的目标,有时候我们连想的勇气都没有,又怎能够谈成功呢?

更多的时候,我们迷失了,活得不知所措。可能就是因为我们一个接着一个地掐灭了亮在内心的许多想法,从而一次次错失了走向成功的机会。从这个意义上讲,敢想,不仅给予我们的是前进的勇气,或许更重要的是,我们的人生从此有了确定的目标去闯。

文/于玲玲

放飞你的梦想

　　曾经，我们的脑子里有层出不尽的念头，但因为觉得无法实现而一一放弃，又或者自己本来就不把这些念头放在心上，日子长了，也就忘记了。可是你有没有想过，你的这些念头如果能够实现，那将会是多么美妙，多么了不起的事情呀！亨利·福特正是因为自己心中的念头，而发明了引擎，制造了"T"型汽车。在当时，这些是被认为不可能的事情，可是，由于他坚信自己的设想，最终他成功了，制造了当时的神话，诞生了一个新的工业时代！

　　所以，当我们有什么想法念头时，千万不要轻易放弃，坚信自己，放飞梦想，是可以成功的！

赏析/韩文亮

张立勇：清华食堂的高才生

　　他们本都是平凡人，他们本都在追寻梦想的征程中遭遇了险阻，但他们用勇气与毅力阐释了"一切皆有可能"的生活要义，为自己的梦想开创了一片可以自由翱翔的蓝天。

因为贫穷，他放弃了自己的大学梦，高中辍学成为千万农民工中

的一名,踏上漫漫的自学成才之路。因为理想,他坚守初衷、忍受寂寞,坚持自学英语十多年,通过国家等级考试、获得托福高分,做了很多大学生做不到的事情。

为还债辍学打工

张立勇出生在江西赣南山区的一个小山村,从小学到中学,他每年都是学校的三好学生。然而,一九九二年秋,高二开学刚刚一个月,张立勇便辍学了。

"家里的经济条件不太好,那年刚盖了三间新土坯房,盖房子的钱全都是借的,欠了一屁股的债,大概有几千块吧。尽管父母节衣缩食,但家里的光景还是一天不如一天,有时穷到向人家借米借面……新盖的房子很快就漏雨了,可这时家里再也拿不出钱来修补,别人家也不愿再借钱给父亲了……"看着父母日夜操劳的背影,想想那笔压在一家人头顶上的巨债,作为家里的长子,张立勇不得不离开校园。

第二年,张立勇怀揣几本高中课本南下广州,开始了他的打工生涯。他先是落脚在一家竹艺厂,一天十二个小时在流水线上,工资却少得可怜,而看书的时间更是奢望。

不久,张立勇进入一家中外合资的玩具厂,在这个玩具厂的经历改变了他的人生道路。

厂里制作的玩具都是销往国外的,所以订单、包装等都是英文字母,如果看不懂这些外国文字,玩具的尺寸、颜色、填充物要多少等都无法确定,更无从下手,于是张立勇从帆布包里掏出了高中英语课本,又买来英语词典当助手,对照着包装箱上的英文,再翻译出汉字来。每翻译出一个单词,他的心里就像喝了蜜一样甜,学习英语的兴趣越来越浓。

一天,张立勇正和工友们在搬运包装箱,迎面走来几个美国人,热情地向他们打招呼,说了一大串英文。张立勇一句都没听懂,美国人身边有一个西装革履的中国人向他们解释说:"老外说我们中国人很勤奋,做的玩具很好。"然后回过头又与美国人谈笑风生,十分潇洒。

这件事给张立勇留下了深刻的印象，此后接连几天他都郁郁寡欢，他每天都问自己："有没有可能把英语学好，成为一名翻译？别人能做到的，我为什么做不到？我就不相信自己和别人有多少差别。"张立勇从小的犟劲又上来了："虽然没有学校的环境了，但我可以从头再来，一切不都是靠自己吗？"

随后，张立勇买回大堆的英语学习资料，正式开始了自学英语之路。

一个爱学习的人是会让人感动的

一九九六年六月，在叔叔的帮助下，二十一岁的张立勇来到了清华大学第十五食堂当一名切菜工。

张立勇带着憧憬来到清华，可失落也很快袭上心头：自己仅仅是一个食堂的切菜工，在清华又怎么样？直到三个月后，他才找到自己的兴趣。

清华园第三教学楼的天台上，有一个"英语角"，每天晚上八点以后，一些爱好英语的学生和老师就会聚在那里，大声用英语交谈。张立勇第一次听工友们谈起它时，他就到处找人打听，找到了那里的确切位置。

这天晚上，切了一天菜的张立勇没有像往常那样回到宿舍，而是揣着一颗忐忑不安的心，走进"英语角"。他缩在一个角落里，想开口说话，又不知该怎样表达自己的意思。一个小时过去了，他为自己始终是个局外人而心急如焚。这时有一个"英语角"的组织者走过来同他搭话。他的脸"腾"地一下变得通红，愣在那里。那个人马上用中文说："没关系，慢慢学，试着说。"得到鼓励后，他结结巴巴地开口了。他把脑子里掌握的英文单词拼凑在一起，没想到那个人告诉他："我听懂了。"张立勇激动了，他感到了一种动力。这以后，他成了"英语角"的常客，而且每次都有备而去，提前把自己想要表达的意思写下来，背熟了，再开口。

很快，张立勇的"异己"行为引来了风言风语，厨房里的同事们在背后议论："学那些东西有什么用，不过是想赶时髦，出风头吧！""瞧他装模作样的，学好了又怎么样？连厨师证都没混上呢，再学也是个切菜的！"

在工友眼里，他是个怪人，孤僻冷漠；在女孩子眼里，他只认书本，没有情趣；在父母眼里，他是个不肖子孙，有一次妹妹打电话来说母亲的病又犯了，急需要钱，他找遍了全身，竟只摸出了十元钱，连邮费都不够——区区几十元的工资，很大一部分都用来买英语教科书和辅导资料了。

二十一岁的张立勇第一次失眠了，三天下来，他整整瘦了一圈。但是看到扔在一旁的英语书，他仍然管不住自己走向"英语角"的脚步，只有在这里，他才能得到精神上的愉悦，才能找到真实的自己。尽管他学英语已经成了公开的事儿，可他还是很介意别人在背后的议论，学起来也刻意地躲着众人。直到有一天，他听了李阳的英语讲座，知道学英语是一件正大光明的事情，应当引以为荣，而且，英语是应该大声读出来的，于是，他就走到碗橱后面，大声背诵。他公然犯众怒的做法，让很多人心里不舒服，有人乒乒乓乓敲东西，嘴里骂着"神经病"以示抗议，但他已能坦然面对。

坚定了自己的理想后，他更加勤奋。他开始看英语杂志，每当看懂了一篇富有哲理、幽默诙谐的文章，都会让他欣喜不已。上班的路上，他都塞着耳机听英语调频。他把一本《大学英语词汇》藏在放工作服的柜子里，切完菜、给学生卖完饭，一有空，哪怕只有两分钟，他也会取出书看两眼单词，背好一页就撕掉一页，一本书背下来，也全部撕完了，让他很有成就感。

"我始终把自己当做是清华园的一名学生。"在张立勇的眼里，清华是块圣土，也正是清华"自强不息、厚德载物"的校训给了他无尽的动力。

食堂每年年底都要考核，为了能够长期留在清华，张立勇每次都是抢着干食堂里那些最脏最累、别人不愿干的活儿，这样一来，学习英语的时间更少了。那段时间，张立勇常常熬到夜里两三点，因为第二天还要上早班。他买了三个闹钟，每天早上逼着自己起床，经常是走在路上都能睡着，但是他靠着"一定要学好英语"的信念，硬是坚持了下来。后来，食堂领导知道了张立勇的事情，实实在在地被感动了，破例允许他可以不上早班。

学英语是勇敢者的游戏

从一九九七年开始，张立勇为自己制定了一张近乎残酷的时间表，并严格要求自己的生活就以这张表为准则，一切都服从于它。在他的时间表上，他六点必须起床，然后六点十五分到六点半出去跑步，六点半到七点背英语，七点到七点十分或者七点十五分刷牙、洗脸，然后出发到食堂，七点三十分上班；中午有十五分钟吃饭时间，他通常控制在八分钟之内，剩下的七分钟背英语；中午一点钟听英语广播；晚上八点下班，学习英语到十二点，深夜十二点四十五分到一点十五分收听英语广播。

要坚持时间表不动摇，就是对一个人毅力和耐心的考验。张立勇的休息时间很少，经常犯困，晚上八点多赶到教室，坐下来就想睡觉。有时他规定自己晚上教室关门之前要看二十页书，结果一不小心趴在桌上睡着了，醒过来时教室就要关门了，连十页都没看完，这让他着实苦闷了一阵子。后来，他看见上自习的同学都打水喝，于是也买了一个大水杯。别人的水一般是凉了再喝，而他是趁着热气腾腾的时候喝，开水烫得他全身一颤，舌头痛得不行，然而睡意却马上就消失了。后来只要一犯困，张立勇就用这个办法，烫的次数多了，舌头也逐渐失去了味觉。

张立勇另外一个克服惰性的办法是在自己的床头写上"克己"、"在年轻人的词典里永远没有失败这个词"、"行胜于言"、"挑战自我"等警句，每当他看到这些字的时候，就提醒自己：你不能偷懒，至少你目前不能偷懒；你不能喝酒；你不能谈女朋友；你没有时间打牌；你还没有资格享受。他时时刻刻以各种方式提醒自己。

除了严格按时间表学英语，大胆张嘴说英语，张立勇还摸索出了一个学习英语的诀窍：北京城是移动的英语词典，处处留心皆英语。

文/刘新平　马樱健

鼓起寻梦的勇气

一名普普通通的农民工，一个高中就已辍学的青年，一个学习环境分外恶劣的求学者，对于张立勇来说，他实现梦想的

道路比常人更加艰难,更加漫长。但求学路上的挫折,生活的磨难并不能剥夺他寻梦的权利,在艰苦的环境中,他鼓足了寻梦的勇气,带着坚毅与执著一路前行。在坚持自学英语十多年后,他通过国家等级考试、获得托福高分,超越了许许多多拥有优厚学习环境的大学生,成就了自己的知识人生,圆了自己一个追寻知识的梦想。

生命中总难免会有遭遇风雨、挫折的时候,面对逆境,消极者的人生之路往往是狭窄的,仿佛永远触摸不到光明;积极者则不然,他们会在不同的环境下为自己的成功创造各种各样的条件,为自己积淀成功的基础与动力。古往今来成就大业的,往往都是和张立勇一样有梦想、有勇气的人:孙权面对百万曹兵,毫无惧色,断然拒降,内用周瑜外结刘备,最终樯橹灰飞烟灭,保全了疆土;僧人玄奘远去天竺取经,跋山涉水,受尽万般磨难,以坚强意志战胜险阻,终于取得真经,造福天下,为后人传诵;科学家黄伯云,艰难困苦玉汝以成,三万里回国路,二十年砺剑心,为祖国争得了荣誉;大学生洪战辉十二年如一日与苦难作斗争,他用自己坚强的意志、不懈的奋斗和高尚的品质克服了常人难以想象的困难,让人肃然起敬。

他们本都是平凡人,他们本都在追寻梦想的征程中遭遇了险阻,但他们用勇气与毅力阐释了"一切皆有可能"的生活要义,为自己的梦想开创了一片可以自由翱翔的蓝天。

赏析/王 嘉

第八辑 从丑小鸭到白天鹅

如果我们想万众瞩目，就得忍受苦难和挫折的纠缠。这可能就是台上一分钟，台下十年功。丑小鸭成为白天鹅之前围绕着它的从来都是不屑和白眼。它之所以成了白天鹅，艰难和曲折自然是一种折磨，不如此，它的未来只能是一个梦。

我们看到身边很多成功者耀眼的光芒，却看不到他们背后的艰险。从儿童到少年，从少年到今天，他们一路艰辛连接而成。而我们要学的，就是他们拥有的共同点：从不妥协，永不放弃。

曾经丑过
不等于永远是丑
时间的淡妆
岁月的浓抹
丑小鸭会变成美丽的天鹅
曾经弱小
不等于永远弱小
风雨的冲刷
寒暑的雕塑
小树会长成参天的大树

喜剧之王——卓别林

他在银幕上扮演的是胆小怕事、身体单薄的可怜人，但实际上他是一个生活的勇士。

查尔斯·卓别林是一位蜚声国际影坛的电影艺术家。他一生勤奋探索，艺术上精益求精，从不满足于自己的成就，他以独创的、卓越的、精湛的表演与导演艺术，赢得了世界声誉。

卓别林于一八八九年出生在伦敦，他的双亲在伦敦是相当有名的戏剧演员。由于出生在一个演员的家庭，卓别林很小就受到了艺术的熏陶。母亲是一个开朗的女人，在家里总喜欢在空闲时唱歌、跳舞。就是在极端贫困的时候，她也能在卓别林兄弟面前表演轻歌舞曲，逗孩子发笑。在母亲的影响下，卓别林很小的时候就学会了唱歌、跳舞。

但真正让卓别林尝试到舞台的美妙滋味的是在他五岁的时候。有一次，他陪妈妈到俱乐部里演唱挣生活费。当他看见妈妈因嗓子不好在演唱的途中遭到嘲笑而被迫离开舞台时，他心里觉得很难受，于是就跟舞台上的领事理论起来了，舞台领事情急之下，把他搀到舞台中央要求他代替妈妈演下去，舞台领事曾经私底下看见过他的精彩表演。面对灿烂夺目的脚灯和烟雾迷蒙中的大人脸，小卓别林丝毫不胆怯，愉快地唱了起来。他表演得很精彩，得到大量的奖赏，当母亲走出舞台，领他走时观众们都报以热烈的掌声。

卓别林有一个悲惨的童年，他的成长历程也是充满心酸的。当小卓别林还在狭小的园子里蹒跚学步的时候，严重的不安开始侵袭他父母亲的小康家庭。维多利亚时代英国的生活并不是风平浪静的，街上到处都是失业者，父亲老查尔斯也面临着失业的厄运，加上他嗜酒成性，这对于不景气的家庭状况来说，无疑是雪上加霜，家庭的重担几乎全部落在母亲哈娜的肩上。不久，父亲酗酒病故，母亲也因辛劳过度病倒了。没有了经济来源的家庭只能把两个可怜的孩子送到孤儿院。从此，卓别林开始了他的苦难成长的年代。

在一年多的孤儿院日子里，卓别林过着吃不饱、穿不暖，如同犯人一样的苦难生活。七岁的时候病好了的母亲终于把他们接回家中，但是好景不长，不久他又无人照管了，再次处于饥寒交迫之中。但他没有回到孤儿院，他成了一个名副其实的流浪儿：沿街乞讨，什么活都干，只要不饿死就行。瘦弱的小卓别林时常遭到人们的蔑视与嘲笑，但他仍然自由自在地生活着。

卓别林早期生活的艰辛和磨难，对其性格的形成以及他后来所具有的坚强的意志，起到了很大的作用。

八岁的时候，卓别林在一个游乐场里找到了第一份正式表演的工作，从此他正式踏上了喜剧生涯。二十岁的时候，卓别林的事业开始有了起色，收入也不算菲薄了，但是他并没有被金钱冲昏了头脑，除了把大部分存进银行，其余的钱都只花在他唯一的兴趣上——买书。他爱读书，诗歌、医学著作或政治经济学论文他都读。博览群书的他，为自己培养了良好的品德。

一九一三年，他到美国，开始从事电影事业，并于一九一四年在《威尼斯赛车记》中创造了一个悲剧小人物"夏尔洛"，从此这个有特别装束的流浪汉形象风行世界七十年，经久不衰。一九三六年，他主演了无声片《摩登时代》，这是一部有着巨大讽刺力量的影片，影片揭露了资本主义的工业化把人都弄成了疯子。一九三九年，卓别林秘密拍摄了他的第一部有声片《大独裁者》，揭露和抗议法西斯对全人类的迫害，博得了全世界反法西斯人民的热烈欢呼，成为风行世界的一部优秀作品。

卓别林一生主演过八十多部影片，他的一些优秀代表作品，如《安乐狗》、《寻子遇仙记》、《淘金记》、《城市之光》、《大独裁者》等，总是寄同情于穷人,而嘲弄那些富人,充满了对受压迫受欺凌的人们的同情。

卓别林在美国居住了近四十年,第二次世界大战,由于他参加进步文化活动而受到迫害,于一九五二年偕同家人一起移居瑞士维薇,直到逝世。

文/杨 子

做一个坚强的勇士

查理·卓别林,这个名字能让你想起什么呢?

一个衣衫褴褛,戴着一顶皱巴巴的圆顶礼帽,下穿一条宽松长裤,一对大号皮鞋,手执一根长长的手杖的流浪汉而已。

而这样的一个流浪汉却穿越了时空,跨越了国界,永远存在了人们的心中。

卓别林一生主演过的影片,加上他的成长史(我认为他的成长史也是一部很优秀的影片)处处体现着他的人生哲学——不折不挠,从不向困难屈服。他在银幕上扮演的是胆小怕事、身体单薄的可怜人,但实际上他是一个生活的勇士,他从没向折磨他的人屈服,他历经苦难,他是悲惨境遇的牺牲品,但拒不接受失败,即使在希望、梦想和憧憬被微不足道的琐事化为乌有时,他也只是耸一耸肩,转身而去,他用他特有的方式向命运、厄运抗争。

在人生的道路上,我们都会遇到这样那样的困难,而我们总是顺从环境,顺从命运,从没想过努力,从没想过奋斗,或者也曾想过,但最终却屈服在环境和困难面前,成为命运的羔羊。朋友,这个时候请你不要沮丧,不要灰心,想想这位喜剧大王他那不折不挠,从不向困难屈服的人生哲学吧,面对生活的困境,做一个坚强的勇士!

赏析/李慕莲

用一生来体验失败的总统

伟人之所以伟大，不是因为他拥有更多的智慧和好运气，而是他有敢于直视失败、百折不挠的勇气。

　　亚伯拉罕·林肯是美国第十六任总统，也是美国历史上最伟大的总统之一。你可曾知道，他失败过多次，最沮丧的时候，据他说："我身上连一把刀都不敢带，我真怕一时想不开。"但是，最后他却改变了美国的历史。

　　一八三二年，林肯失业了，这显然使他很伤心，但他下定决心要当政治家，当州议员，糟糕的是，他竞选失败了。接着，林肯着手自己开办企业，但不到一年，这家企业倒闭了。在以后的日子里，他不得不为偿还企业倒闭所欠的债务而四处奔波，历经磨难。

　　一八三四年，林肯再一次决定参加竞选州议员，这次他成功了。从此，他开始了自己的政治生涯。

　　一八三五年，他订婚了。但离结婚的日子还差几个月的时候，未婚妻不幸去世，这对他精神上的打击实在太大了，他心力交瘁，数月卧床不起。一八三六年，他得了精神衰弱症。

　　一八三八年，林肯觉得身体良好，于是决定竞选州议会议长，可他失败了。一八四三年，他又参加竞选美国国会议员，但这次仍然没有成功。

面对企业倒闭、情人去世、竞选一次次败北，林肯并没有放弃。一八四六年，他又一次参加竞选国会议员，最终成功了。

两年任期很快过去了，他决定要争取连任。他认为自己作为国会议员表现是出色的，相信选民会继续选举他。但结果很遗憾，他落选了。

然而，林肯没有服输。一八五四年，他竞选参议员，但失败了；两年后他竞选美国副总统提名，结果被对手击败；又过了两年，他再一次竞选参议员，还是失败了。

但他是一个"不会被困难所吓倒，不会为成功所迷惑的人，他不屈不挠地迈向自己的伟大目标，而从不轻举妄动，他稳步向前，而从不倒退"（马克思语）。一八六〇年，他如愿当选为美国总统。

文/白小冰

失败是到达成功彼岸的桅杆

很多时候，我们十分认真努力地去干一件事情，付出了很多的精力和时间，结果偏偏失败。于是，再一次一鼓作气，摩拳擦掌地去努力。但是，最后还是与成功擦肩而过，甚至结果会更糟糕。这时候，你可能会很气馁失望，觉得自己一无是处，幸运女神是永远不会青睐自己的。你是否失去了再前进的斗志和信心，变得裹足不前，萎靡不振？没错，失败确实会打击人，使人觉得苦恼，但它不应该使人堕落，而应该成为我们前进的原动力。

如果林肯在失业、创业失败、情人去世和多次落选的人生低谷中被瓦解了前进的决心和奋斗的意志，那么他就不可能成为美国最伟大的总统之一。可见伟人之所以伟大，不是因为他拥有更多的智慧和好运气，而是他有敢于直视失败、百折不挠的勇气。他是真正领会了"失败乃成功之母"这句话的含义。

吃一堑，长一智。失败并不可怕，可怕的是我们从一个志

气蓬勃的人变成了失败的俘虏，被曾经的失败牵着鼻子走。失败是一面镜子，照到我们的不足与弱点。在失败中我们经过反省，总结经验教训，从而缩小了可以成功的范围。经历失败，我们变得更加坚强成熟，在以后的人生道路上，即使遇到坎坷，也能坦然面对。"塞翁失马，焉知非福"，这又何尝不是失败的好处呢？

我们要到达成功的彼岸，是需要一支桅杆的，这桅杆不是鲜花，也不是掌声，其实就是苦其心志的失败。

赏析/陈少红

从乡间少年到飞天英雄

有了梦想，还要有一种精神，梦想才能得以实现。

二〇〇五年十月十二日九时，甘肃酒泉卫星发射中心，"神舟六号"载人飞船呼啸冲天；十七日凌晨四时三十三分，内蒙古四子王旗主着陆场，经过一百一十五小时三十二分钟的太空飞行后，"神舟六号"载人飞船返回舱顺利着陆。

完成这次航天任务的是两位出生于南国的航天员：费俊龙，江苏昆山人；聂海胜，湖北枣阳人。他们的家乡相隔千里，人生历程却是如此相似……

乡间少年的飞翔梦想

一九八二年，即将高中毕业的费俊龙碰上空军来学校招收飞行员。驾驶战斗机翱翔在广阔的蓝天上画出的画卷，一定比用自己手中的笔画出的更美吧？费俊龙瞒着家里人，悄悄报名参加了飞行员体检。得知自己三代单传的孙子要去空军当飞行员，爷爷首先不同意。"周总理小小少年就离开家乡参加革命，我已经十七岁了，能照顾好自己。"时隔二十多年，父亲费长宝仍然记得儿子当年说的这句话。

正当费俊龙准备在蓝天上继续挥洒自己的人生画卷时，新的选择出现了：中国载人航天工程呼唤第一代航天员。一九九八年一月，他从一千五百多名优秀空军飞行员中脱颖而出，与杨利伟、聂海胜、翟志刚等人一起成为航天员大队的一员。

如果说费俊龙把自己擅长的绘画"绘"到了太空，那么，聂海胜则是把一个放牛娃的梦想圆在了太空。聂海胜当放牛娃时，就曾在牛背上做过一个奇怪的梦，梦见自己长出一双大翅膀，飞上了蓝天。成为一名空军战斗机飞行员后，他以为自己的梦已经应验，没想到，如今这个梦又在一个更高的高度上实现了。

一九八四年，聂海胜终于实现了那个牛背上的梦想，进入了空军飞行学院。重重难关，似乎总是与这个农家娃如影相随。一九八九年六月十二日，聂海胜第一次驾驶战斗机单独飞行，就遇到了生死考验——在飞向四千多米高空时，唯一的一台发动机突然停止转动。飞机急速下降，地面指挥员命令他紧急弃机跳伞，但聂海胜一次次地冒险做着努力，总想把飞机安全开回去。一千米，八百米，六百米……直到距地面只有四五百米，再不跳伞就会人机俱毁时，他才按下了开关，跳伞求生。后来查明，事故原因是发动机出现机械故障。鉴于聂海胜想尽一切办法挽救飞机，将个人生死置之度外的勇敢精神，部队为他记了三等功。二〇〇三年，他被选拔进入"神舟五号"飞天三人梯队。

攀登"上天阶梯"

接受航天员选拔时，聂海胜的体重稍稍有点儿超标。于是，如何

"减重"成为一个课题。航天员在训练中身体消耗很大,不吃东西不行,吃不好也不行。如何减重?只有通过加大运动量来实现。"离心机"训练是航天员提高超重耐力最有效的方式。在圆圆的大厅里,聂海胜坐进一只八米多长铁臂夹着的圆筒里。在时速一百公里的高速旋转中,他不仅要练习紧收腹肌和鼓腹呼吸等抗负荷动作,而且还要随时回答提问,判读信号,保持敏捷的判断反应能力。每做一次训练,他都要付出巨大的体力。而饮食也有特别规定,一日三餐都由营养医师制定食谱。女儿就曾经"抱怨":"爸爸每次回家,就不能吃想吃的东西了。"五年内,聂海胜把自己的体重减了五公斤,并一直保持着六十七公斤的标准。

"神六"需要在太空中飞行多天,因此与仅飞行一天的"神五"比起来,对航天员的训练更为严格。他们第一个面对的就是生物钟的调整问题。在离地面四百公里的飞船里,一个昼夜是一个半小时,也就是说,地上一天,天上要经过十六个昼夜;五天里,航天员在太空中经历的是八十个昼夜。如果是未经训练的普通人上去,可能天天都在睡觉,什么科学实验也做不了。"神六"航天员掌握的第一个"超能力"就是自己调整生物钟。无论什么时候,该睡觉时,马上睡着;该醒来时,精神百倍。航天员要做到这点,必须经过五年循序渐进的训练。

由于"神六"是双人航天,早在发射前十个月,就从十四名航天员中选拔出了十人,组成五个组;三个月强化训练后,再从中选出六人,组成三个组,每个组由指令长兼驾驶员和副驾驶员兼随船工程师二人组成。六人三组选定后,继续强化训练,然后根据体检和考评情况,为三个小组"排座次",费俊龙与聂海胜是第一小组。除了艰苦的训练,两人小组还要求更多的互补和默契。谈到这个问题,费俊龙说:"我和海胜有好多地方互补,比如说性格,我不太喜欢笑,海胜就喜欢笑,至少露七颗牙齿。工作上,他踏实稳重,所以当时我的第一选择就是他。"为了培养彼此之间的默契,两个人平时尽量在一起生活、训练,对方的脾气、爱好以及对事物的判断、反应、表情,双方都了如指掌,甚至能够从一个眼神一个动作就知道对方在想什么。费俊龙曾经说,你跟聂海胜说一句话,他眼睛往左上角一瞄,头这样一歪,就一定是在想你说的话。

英雄远征太空

自"神舟六号"飞船起飞，费俊龙和聂海胜就神态平静，在太空中表现出中国军人的坚毅、果敢和冷静。飞船升空后，费俊龙沉着地发出各种指令，聂海胜手握操纵杆，稳健地进行着技术操作。十月十二日九时二十八分，北京航天飞控中心调度指挥员首次呼叫航天员，费俊龙语气平稳地报告："飞船工作正常！"

九时五十五分，医监医生李勇枝开始与航天员通话："01，从地面观察，你的各项生理指标正常，感觉如何？""我感觉良好！"费俊龙回答。接着，李勇枝又询问了聂海胜，他大声回答："感觉很好！"

不要小看这简单的几句对白。"神舟六号"起飞后，在飞船从上升段到轨道运行段期间，航天员要经受过载、振动、噪声、失重的考验。严重的话，会影响到整个太空操作。训练有素的费俊龙、聂海胜顺利通过了这一考验。当然，对于航天员来说，艰苦的考验还在后面——他们可能会遭遇到空间运动病的挑战。专家介绍，在多天的航天飞行中，空间运动病发生的概率较高。地面监控人员密切注意着两位航天勇士太空中的一举一动，稍有异样，就会立刻做出反应。

第一天，一切正常。第二天，正常。第三天，精彩的一幕出现了：费俊龙半蹲在地上，用双手撑住船舱地上的两个固定物，然后突然向前，完成了一个前滚翻！之后，费俊龙似乎意犹未尽，又翻了一个。接下来，费俊龙又接连翻了两个跟斗，而且动作一个比一个熟练。这一幕让监控中心的人员轻松起来，他们知道，航天员完全没有受空间运动病的影响，一切正常。粗略计算，费俊龙翻这四个跟斗大约用了三分钟，以"神舟六号"每秒七点八公里的速度，他一个跟斗就"翻"了大约三百五十一公里。

二〇〇五年十月十七日凌晨，费俊龙、聂海胜神采奕奕、面带微笑，迈出了飞船返回舱。那一刻，鲜花和掌声包围了他们，神州大地一片欢腾。从昔日的乡间少年，到如今最耀眼的飞天英雄，费俊龙和聂海胜凭着敢于拼搏、无私奉献的精神，不仅实现了个人梦想，更实现了中国几代航天人的光荣和梦想……

文/格　林

梦想＋精神＝成功

两个相隔千里的乡间少年,有着共同的梦想——飞翔。也是这个梦想使他们走在了一起,然后共同为着起飞做准备。

梦想是费俊龙和聂海胜走向太空的驱动力。他们有着敢于拼搏、无私奉献的精神,一步步攀登着"上天阶梯",终于实现了他们共同的梦想。在梦想实现的过程中,他们接受的是非一般的训练。为了体重达标,进行"离心机"训练;为适应太空中的昼夜变化,要掌握调节生物钟的能力。但不管要求是多么的严格和苛刻,他们都一一达到了。在训练中,他们还形成了一种默契,这也是为航天做准备。

经过了重重考验,他们如愿飞上天了,一切都那么顺利。"神舟六号"成功了,他们也成功了。那是靠他们坚定的意志与拼搏的精神达到的。

有了梦想,还要有一种精神,梦想才能得以实现,这种精神或许是不屈不挠的精神,或许是勇敢顽强的精神,但不管是哪一种,我们都必须至少有这样的一种精神存在。梦想＋精神＝成功,在费俊龙和聂海胜身上永远是一条成立的等式。

赏析/张艳霞

从丑小鸭到白天鹅

人不是因为美丽而可爱，而是因为可爱
才美丽。一个有涵养的人才是永远的天鹅。

　　有一个流传很广的童话故事:鸭妈妈在孵鸭蛋,蛋壳一个接一个地破了, 小鸭子争先恐后地站了起来。只有一个特别大的蛋没有破开,鸭妈妈孵了又孵,终于从里面钻出一只又大又丑的小鸭子。因为它长得丑,不讨人喜欢,所以到处挨打受气,小鸭子无法生活,只好逃到了树林里。春天到了,小鸭子来到池塘边,看见三只白天鹅轻盈地浮在水面上。它高兴地向它们游去,希望和这些美丽的伙伴在一起。这时候, 它看见自己映在水里的样子, 发现自己是一只美丽的白天鹅,感到非常幸福。

　　这个童话故事的作者,就是世界著名的童话作家安徒生。他本人就是由丑小鸭——一个鞋匠的儿子, 变为白天鹅的——一个为现代世界儿童文学发展作出重要贡献的伟大作家。

　　一八〇五年四月二日, 安徒生出生在丹麦一个叫欧登塞的小城镇。当时,拿破仑战争打得正激烈。丹麦作为拿破仑的附庸卷入了这场战争。拿破仑战败,丹麦不得不接受战败国的一切后果:经济萧条,通货膨胀,失业人数剧增。安徒生的父亲是个鞋匠,战争期间,生意清淡,无以为业,就跑到拿破仑的军队做了一名雇佣兵。战争结束后,父亲带着一身病回来了,没过多久,就在贫困中死去。

感动小学生的100个人物·精华版

　　父亲去世后,一家人的生活就更加艰难了。家里没有钱给安徒生买衣服,他总是穿得破破烂烂的。富人家的孩子把他当做出气筒,经常打他,羞辱他。他童年生活中没有朋友,常常一个人跑到树林里去玩儿,和树林里的花儿呀,草儿呀,蝴蝶呀,小动物呀,交上了朋友。有时他实在寂寞了,就到一些老奶奶的身边,听她们讲妖魔鬼怪的故事。生活的重担全压在了母亲的身上。安徒生永远也忘不了这样的情景:母亲露着双脚,站在冷水河里,替别人洗衣服,寒风吹乱了她的头发,冷水浸透了她的衣裳,实在太冷了,就喝一口米酒,暖和一下身子,又继续劳作。后来,一家人实在熬不下去了,母亲只好改嫁。继父不太喜欢安徒生,认为他是一个包袱。母亲想方设法把安徒生送进学校,让他认识几个字,希望他长大后当个裁缝。

　　安徒生不想当裁缝。他十四岁那年,看了一个从首都哥本哈根来的剧团的演出,使他对戏剧产生了浓厚的兴趣。母亲拗不过他,只好让他去了。

　　一八一九年九月一个阴沉的早上,安徒生吻别了母亲,带着几十个银毫,只身来到哥本哈根。他凭着对舞台艺术的热爱,在这个举目无亲的大城市里,到处闯荡,找一些文艺界的人士毛遂自荐,表示他献身舞台艺术的决心。他去拜访一位全国闻名的女舞蹈家,想学舞蹈,被人家婉言拒绝;他去找一剧团的经理,要求当演员,经理回答说观众不会喜欢他这副穷酸相;他又找到音乐学校教授,表示要当歌唱家,这次他被人接受了。但是,不幸马上就降临到了他头上。随着冬季的来临,衣单体弱的安徒生染上了感冒,长时间的剧烈咳嗽损坏了他的声带。当歌唱家的梦想破碎了,他只好离开了音乐学校。

　　苦恼万分的安徒生,决心走另外一条路,就是从事艺术创作。他写了一个剧本《阿索尔》,引起了一家刊物的兴趣,被选登了。丹麦皇家剧院院长吉林斯认为安徒生是个很有文学气质的青年,就出钱送他到苏洛书院去学习,希望他将来成为一个剧作家。

　　苏洛书院是一个按部就班,死气沉沉的教育机构。院长梅斯林更是古板的要命,对任何不按学校规矩办事的人都恨之入骨。安徒生抱着作家的理想,踏进这所学校。他不满足于学习一切刻板的功课,他利用一切可以利用的时间写诗、写剧本、写小说,写得他头昏眼花,却乐之不倦。梅斯林院长对这个不知天高地厚的穷孩子横竖看不上眼，认为他没有任何写作的天才，完全是在浪费时间，辜负了送他学习的人的一片好意。安徒生默默承受着梅斯林院长给他的羞辱，发愤努力，六年后，他回到哥本哈根。吉林斯仍是他最可信赖的朋友，可在事业上却无法助他一臂之力，他必须要自己去奋斗。

一八二七年，这个二十二岁的青年，在一间破旧的顶楼上找到了栖身之所，开始了他奔向文学殿堂的奋斗历程。两年后，一部长篇幻想游记《阿格尔岛游记》问世。著名诗人海堡评论这部作品时说："请不要用普通的眼光来读这部书，请把它当做一个即席演奏者的狂想曲来欣赏吧！"同年四月，安徒生的轻喜剧《在尼古拉耶夫塔上的爱情》被皇家剧院接受并进行了公演。在剧场里，安徒生静坐在一个角落里，在观众的喝彩声中，悄悄地流下了成功后喜悦的泪水。

一个鞋匠的儿子出现在文坛，引起一班受过高等教育的贵族作家和批评家的惊骇。这些人生活在贵族圈子内，作品缺乏丰富的生活内容，只能在形式和技巧上大做文章，很难引起读者的兴趣。安徒生的成功，对他们造成直接的威胁。他们攻击安徒生的作品"别字连篇"，不讲"修辞、文法"，"安徒生不配当个作家"等。面对暴风雨般的奚落和打击，安徒生自然无力反击，为了能够继续工作下去，他开始了旅途创作生涯。

一八三五年，安徒生三十岁时，创作生涯忽然来了一个大转弯。他在给朋友的信中说，他要创作童话，争取未来的一代。一八三五年，他出版了第一本童话集《讲给孩子们听的故事》，包括《小劳克斯和大劳克斯》、《打火匣》、《豌豆上的公主》、《小意达的花儿》四篇童话。一八三六年，他出版了第二本童话集，以后的每年圣诞节，他都有新的童话献给孩子们。到他逝世的前两年，他一共写了一百六十多篇童话，其中有许多篇已成为世界各国一代代儿童必读的童话故事。

《皇帝的新装》写了一个愚蠢皇帝的故事。这个皇帝非常喜欢漂亮的衣服。有一天，来了两个人，自称能织出世界上最漂亮最奇特的新衣，这种衣服只有聪明人才能看见，如果看不见，那就证明他是个愚蠢的人。皇帝命人送来的许多最好的生丝和金线，他们都装进自己的腰包。过两天，他们举着手来见皇帝，说他们给皇帝送来了新衣。

皇帝和大臣什么也没有看见,却怕别人说自己愚蠢,都赞不绝口地夸奖起来。大臣们为了讨好皇帝,建议皇帝穿上这套新衣,参加游行大典。大臣都称赞皇帝的新衣漂亮,只有一个小孩叫了起来:"他什么也没有穿!"皇帝也觉得不对劲,冷得发抖,但为了面子,摆出更骄傲的姿势向前走。

《卖火柴的小女孩》描写了一个穷苦孩子的悲惨生活。在新年前夕,一个卖火柴的小女孩赤着脚在雪地里走着,叫卖着火柴,没有人来买她的火柴,她又冷又饿,在墙角缩成一团,她擦燃了一根根火柴,用微弱的火光来取暖,在闪烁的火光中,她得到了梦寐以求的一切。她嘴角上带着微笑,默默地死去了。

安徒生的童话将读者带入诗的意境,从他那一篇篇优美的童话中,读者可以感受到他对儿童、对人类的深沉之爱,对人类进步和世界和平怀有的热切期望。一八七五年八月四日,安徒生在哥本哈根去世。然而,他创作的那些童话,却有着无穷的魅力,给人们带来不尽的享受。

文/阿 兰

永远的安徒生

从丑小鸭到白天鹅,就像蚕蛹幻化成美丽的彩蝶一样,是要经过辛苦的蜕变的。蜕变的过程,不仅是执著的追求,更是热爱生活的希冀所在。请相信:不论有多苦,走过这片沼泽地,前面将鲜花遍地。

有人含着金钥匙出生,似乎生来就是漂亮的天鹅,穿着美丽的服饰,享受高雅的教育。贫苦人家的孩子却衣食无着,每前进一步都受到莫大的阻挠,要想取得成功必须付出更大的努力。安徒生爷爷就是这样的典型。他的生活环境远远没有童话故事里来得诗情画意,经济窘迫、遭受打击、被泼冷水,所幸的是客观环境无法熄灭他强烈追求艺术创作的火焰。他的童话故事把人们带入了诗的意境,令人流连忘返。

你因为自己是个不起眼的丑小鸭而无地自容、自怨自艾吗?其实每个人都可以是美丽的天鹅,真的。也许你其貌不扬，衣衫褴褛，口袋里没有半毛钱，但为此而耿耿于怀是毫无道理，也是大可不必的。你没有美丽的外貌，没有资本装饰打扮自己，但你通过后天的刻苦学习使自己变得充实起来，是可以弥补这些不足的。一个睿智的人在他行云流水般的谈吐和不经意的举止行动中都流露出吸引人的气质，让人心甘情愿地感染你的气息。

人不是因为美丽而可爱，而是因为可爱才美丽。一个有涵养的人才是永远的天鹅。

赏析/陈少红

茶楼伙计李嘉诚

可以由一名微不足道的茶楼小伙计摇身变成当今的香港首富，他凭借的是什么呢？答案是：充分的准备。

李嘉诚十四岁时，父亲病逝了，他不得不辍学到茶楼当伙计。茶楼工作异常辛苦，工作时间长达十五个小时以上。店伙计每天必须在凌晨五时左右赶到茶楼，为客人们准备好茶水茶点。白天，茶客较少，但总有几个老翁坐在茶桌旁泡时光。李嘉诚是地位最卑下的堂仔，大伙计休息时，他还要待在茶楼伺候。晚上是茶客最多的时候，茶楼打烊时，已是夜深人寂了。李嘉诚后来回忆起这段日子，说他是"披星戴月上班去，万家灯火回家来"。

尽管这样，他不敢有丝毫懈怠。李嘉诚每天都把闹钟调快十分钟，定好响铃，最早一个赶到茶楼。他一直将这一习惯保持了大半个世纪。今天，大家都知道李嘉诚的手表永远比别人的快十分钟。

茶楼是个浓缩的小社会，三教九流，什么人都有。李嘉诚对于茶楼里的人和事，有一股特别的好奇心。他喜欢听茶客谈古论今，散布小道消息。这些事情大部分都是在家中、课堂上闻所未闻的；许多说法都与先父和老师灌输的那一套大相径庭。世界在李嘉诚面前展现了错综复杂、异彩纷呈的一面。

渐渐地，他发现茶楼的客人各具特色，又各有喜好，他开始暗暗观察起每个客人来。

他首先根据各位茶客的特征，揣测他们的籍贯、年龄、职业、财富、性格等等，然后找机会验证。接着他又揣摩顾客的消费心理，看他们喜欢喝什么茶，喜欢什么茶点。

刚开始，他一点也猜不透茶客的情况。他继续观察，不断总结规律，终于，他发现自己能猜个八九不离十了。后来，李嘉诚对一些常客的消费需要和习惯了如指掌。甚至一个陌生人来到店里，李嘉诚也能把他的身份、地位、喜好和性情猜个八九分。

李嘉诚投其所好，又真诚待人，使顾客感到特别受尊重，高兴之余，自然乐得掏腰包，他很快成了一个出色的堂倌。后来，他的这种本领派上了大用场，成为他了解客户的真实需要、驾驭客户心理的绝招。

李嘉诚一生中唯一的一次"饭碗危机"就发生在茶楼。

一天，一位生意人在大谈生意经，李嘉诚听得入迷，竟忘了侍候客人茶水。待听到大伙计叫唤，才慌里慌张地持茶壶为客人冲开水，结果不小心洒到茶客的裤脚上。

李嘉诚吓坏了，木桩似的站在那里，一脸煞白，忘了向这位茶客赔礼谢罪。茶客是茶楼的衣食父母，是堂倌侍候的大爷。若是挑剔点的茶客，必会甩堂倌的耳光。

李嘉诚进茶楼是顶一个小伙计的空缺。该小伙计犯的是与李嘉诚同样的过失。活该小伙计倒霉，那茶客是"三合会白纸扇"(黑社会师爷)。老板不敢得罪这位"大煞"，逼小伙计下跪请罪，然后当即责令他滚蛋。

李嘉诚情知不妙。这时，老板跑了过来，正待斥责李嘉诚，不料那茶客却为李嘉诚开脱说："不怪他，是我不小心碰了他。"

茶客走后，老板对李嘉诚说："我知道是你淋了客人的裤脚。以后做事千万得小心，万一有什么闪失，要赶快向客人赔礼，说不定就能大事化小。这客人心善，若是恶点，不知会闹成什么样子。开茶楼，老板伙计都难做。"

母亲知道后，说："菩萨保佑，客人和老板都是好人。"她又告诫儿子："种瓜得瓜，种豆得豆，积善必有善报，作恶必有恶报。"

李嘉诚后来再也没见过那位好心的茶客。他成为巨富后对友人说："这虽然是件小事，在我看来却是大事。如果我还能找到那位客人，一定要让他安度晚年，以报他的大恩大德。"

知恩图报，以善从商，这是李嘉诚商业生涯的准则。即使后来在股市上要风得风，要雨得雨，李嘉诚始终恪守善意收购的原则。他总会将刀光剑影化作和风春雨，使人人皆大欢喜。以至于有人戏称，要挫败李嘉诚的收购计划很简单，只要说一声"我不愿意"，李嘉诚绝对不会恶意收购的。

文/革文军

机会是留给有准备的人的

李嘉诚是一位名副其实的传奇人物。可以由一名微不足道的茶楼小伙计摇身变成当今的香港首富，他凭借的是什么呢？答案是：充分的准备。

也许，在校园里还有很多不喜欢学习的学生。他们上学可能往往会迟到，上课可能会打瞌睡；老师的劝告，他们不听；家长的责备，他们习以为常；他们不愿意认真学习是因为他们还不清楚学习可以给他们带来什么好处。学习可以给我们带来好处吗？答案是肯定的。将来，我们的生活和工作都得依靠我们从学校获得的知识。

旭日飞扬·精华版

人人都想尝到胜利的果实,但又不是人人都愿意为理想付出很多。上帝是非常公平的,机会只会留给有准备的人。只有做好充分准备的人才能紧紧地抓住机会的尾巴。

珍惜学习的日子,认真学习吧。我们的社会竞争越来越激烈,不打好基础的话,将来拿什么战胜对手呢?

赏析/李次欢

"小罗"今天成大器

你可以不喜欢他的脸,因为他的脸和他的球技一样惊人;你也可以叫错他的名字,因为他名字的发音和伟大的外星人实在太像;但你不得不喜欢他踢出的球,因为他踢出的球充满了一种魔力,一种饱满的想象力之美。

二〇〇四年十二月二十一日凌晨,国际足联在苏黎世举行颁奖典礼。巴西球星罗纳尔迪尼奥成功加冕世界足球先生的桂冠。

最烁烁夺目的,不是小罗纳尔多那副璀璨的钻石耳钉。妈妈温馨的目光,比钻石更深邃,更悠长,且一生追随。当小罗纳尔多被西班牙媒体评为南美最佳球员,捧起明晃晃的奖杯时,他没有忘记荣誉首先要和母亲分享。

紧紧相搂,二十四岁的儿子早就高出了母亲一头;眼神交融,传递着母子间才有的默契。"无论他进了多少球,他变得多么出名,他永远只是我最心疼的小儿子。"口吻是骄傲的,儿子的成名路上,她见证了全部的风风雨雨。

一 夜 长 大

小罗纳尔多出生在巴西阿尔格雷港，这一家人对足球有着不一般的热情。在兵工厂当焊接工的父亲，踢球很有两下子。而大哥阿西斯则是当地职业俱乐部的球员。球迷妈妈当年也是被父亲在球场上的风采所吸引。"妈妈是个护士，性格柔顺体贴。一到周日，她就拿着自己做的家庭便当，去球场和我们一起享受足球。虽然我们的生活从来算不上富裕，但是为了让我和哥哥能够接受正规的足球培训，爸爸还在停车场兼职。小时候我一直觉得自己是个幸福的孩子。"

这样的幸福记忆，在小罗纳尔多八岁那年戛然而止。那一年，爸爸在一次意外中丧身。"一夜之间，我们都不知道该怎么办，家里的顶梁柱没了，未来也看不见了。这个时候是哥哥骂醒我，他说我有责任让家里的生活好起来。"一夜长大的小罗纳尔多，完全变了脾气。他不再靠小聪明卖弄脚法，他有了危机感，要练好每个技艺环节。而妈妈，则又接下了许多手工活，常常连夜为成打的衣服钉扣子。她只希望，能给孩子们尽量好的生活条件，让他们安心踢球。"孩子们变得比以往懂事了，小罗在球队里获得表扬得到某些纪念奖品，常常会和同伴换一些牛肉、鸡蛋这类更实际的东西。"

一 战 成 名

好日子很快来了，因为小罗纳尔多开始大放异彩。一九九七年他参加世界十七岁以下青年足球锦标赛被评为最佳球员，"这个荣誉让我更有自信，也打开了我通往世界顶级足球俱乐部的大门。"

埃因霍温俱乐部愿意支付七百万欧元，购买这位十七岁少年的"天才"，但却遭到了巴西俱乐部的拒绝。事实证明，后者拒绝了金钱的诱惑，却收获了丰厚的荣誉。小罗在十五场比赛中，打入了十四粒入球。而球队也获得了联赛和杯赛的双料冠军。

曼联、切尔西、米兰双雄，他们全都窥觑这颗难得的珍宝。"去巴

塞罗那，是因为那么多城市里，妈妈说她最喜欢那儿，没有别的原因。"小罗纳尔多和所有已经成名的球星一样，有时也会目中无人，也会牛气冲天，但对于妈妈的意愿，他从不违背。两年前，小罗纳尔多找了一个模特女友，引来许多闲言闲语。"妈妈没有说不同意我和她交往，但是看眼神，我就知道妈妈并不喜欢。"小罗纳尔多心中，女朋友可以再找，但母亲，却永远只有一个。

职 业 生 涯

一九九七年罗纳尔迪尼奥成为 U17 世青赛的最佳射手。

一九九八年首次进入当地的格雷米奥队的正式名单，在第一个赛季出场五次。

一九九九年在六月二十六日与拉脱维亚队的比赛中首次代表巴西队出场。同年帮助巴西队赢得美洲杯，并在与巴拉圭队的比赛中打入了在国家队的首粒入球。

二〇〇〇年成为联合会杯的最佳射手。

二〇〇一年有争议的转会到法国甲级球队巴黎圣日耳曼队。不过此后原东家格雷米奥和圣日耳曼队就转会费发生争议，仅仅代表球队出战了很少的比赛。

二〇〇二年帮助巴西队夺取世界杯冠军。

二〇〇二至二〇〇三年与巴黎圣日耳曼队主教练费尔难德斯发生矛盾。尽管在联赛中有着不俗表现，但却萌生去意。

二〇〇三年与曼联队谈判转会失败，随后加盟了西班牙的巴塞罗那俱乐部。七月十九日，与巴塞罗那签约五年。九月二日，攻入首粒西甲入球。首个赛季他为球队贡献十四粒联赛入球，帮助球队十七场不败，最终夺取联赛第二名。

二〇〇四年十一月与舍甫琴科和亨利一起被提名为国际足联世界足球先生候选人。同年十二月二十日当选世界足球先生。

在眼球经济时代，世界足坛呈现给我们的是五光十色的景象，甚至是扑朔迷离的幻象，脸蛋在这个时代有时候比脚下功夫更为重要。但以更长远的眼光来看，是人就逃不过人老珠黄，就逃不过喜新厌旧,所以相貌可以乘一时之欢,却无法恒久存留。多年之后,我们可能不再记住某位炒作起来的球星犹如电影明星一般的脸蛋,却无法忘记某位真正的球星如同魔术般的脚法和如同魔法般的进球,比如,让我们无法忘记的罗纳尔迪尼奥。

罗纳尔迪尼奥是这样一位球星:脸蛋丑到极点,在夜晚昏黄的灯光下做个鬼脸,对孤单的夜行人的恐吓作用绝不下于魔鬼。罗纳尔迪尼奥又是这样一位球星:球技美到极点,在绿茵场上,他的盘带、分球、射门犹如美轮美奂的舞蹈,让球迷如痴如醉,似梦似幻。有魔鬼般的相貌,却又有天使般的球技,魔鬼和天使在罗纳尔迪尼奥身上融为一体,就像足球和他,本来足球是足球,他是他,但在球场上,足球和他浑然一体,并无罅隙。

文/华心怡

接受感动

南美最佳球员罗纳尔迪尼奥,一举成名天下知,可是背后的辛酸又有谁人问津呢?背后的故事又有谁人知晓呢?通过这篇文章我加深了对他的认识,他背后的故事触动了我内心充满感动的那一根弦。

童年的他拥有一个和睦温馨的家庭。家人对足球的那一份热情和冲劲使他耳濡目染,所以他对足球的喜爱不足为奇。不过那时的他跟其他小孩一样过着无忧无虑的童年。幸福并没有在他身上停留多长时间,年仅八岁的他却不得不过早地背负起家里的重担,对足球的态度也不仅仅停留在把玩的念头上了。更多的是从中学会踢球的技巧。艰辛日子当中妈妈的付出他是看在眼里的,小小年纪的他变得更加懂事,更加爱惜妈妈。"守得云开见月明",他的付出终于得到了回报。一九九七年世界十七岁以下青年足球锦标赛中,他被评为最佳球员,从此踏上他的足球生涯。成名之后的他在金钱面前并没有低头,坚决地拒绝了金钱的诱感,这不得不让人对他肃然起敬。在接下来的日子,他"平步青云",不过由此至终他都没有忘记荣誉首先要和母亲分享。这也是使我感动的地方。

在物欲横流的社会里,不为金钱所诱惑,始终如一不忘亲情,继续坚持自己的信念的人屈指可数。作为世界瞩目的罗纳尔迪尼奥却是其中一个,这怎么不让人敬佩?他的故事怎么不让人感动呢?

赏析/程　晓

姚明忆童年

只要你自信并能充分发挥潜力,那么你必定会成为另一个"小巨人"。

"儿童节快乐!"昨天是"六一",在这个特定的日子里,姚明也"借机"沉醉在无忧无虑的从前。

"该努力的时候就努力,放假了别问我问题。"——这就是现在姚明给记者们的感觉。可要知道,他可是从小就养成这"犟脾气"的。姚明说:"我小的时候,学校过'六一',可以做各种游戏还赢奖券。我一般是集中在体力活动,比如吹蜡烛,玩一轮然后回到队尾,再接着玩。有的时候还打电子枪,打得也还可以。那个时候主要是想,好不容易不在课堂上了,就再也不想碰那些课堂上的东西,比如做题,虽然也是玩儿,但就是不想。"

生活中很多东西，人们只有长大了，才慢慢懂得它们被赋予的意义。孩童时代，恐怕只会想到好不好玩。就比如第一次爬长城，姚明回忆道："五岁的时候，我第一次去北京，当时我父母正好在北京参加全国工人运动会。我也不管爸妈打出什么成绩，我就是玩。听大人说过很多遍长城，可那时小啊，也不懂，总感觉那个长城在山上建起来也没有什么了不起的，以为就像我们小时候玩积木一样。我还记得很清楚，当时有点爬不动了，就想让爸妈抱我上去，还哭了。"

小的时候，不喜欢就是不喜欢，不容分说。这样的姚明，因为不太喜欢表演，一到"六一"就躲后台去。哪像现在拍广告，"哪怕多少有些勉强，也只能等拍着拍着习惯了。"他说。看着现在伶牙俐齿，面对各种媒体应对自如的姚明，哪里想象得出，小时候的他居然那么不喜欢跟陌生人说话。"小的时候爸爸带我出去，路过一个冷饮店，我说我想吃。我爸说你自己去买，我很害羞，我说您帮我去买。我爸爸说你要吃自己买，不吃就走了。我自己就哆嗦着过去了，当时那个阿姨以为我磨蹭半天是在要钱，还说你爸爸那么小气，五毛钱都不给。她不知道其实是我不敢。"

从小至今，时间带走了很多东西，但带不走的是真挚的友情。三男三女，每年一次聚会，是姚明和儿时伙伴们的约定。"和他们在一起，我挺放松的。毕竟，我曾经比他们矮过。"姚明说。

文/佚　名

小巨人的潜力

谁敢保证自己一出生就是伟人？谁敢承诺自己一出生就是巨人？

我们都有一个可爱的童年，一个难忘的成长阶段！每过一个"六一"，我们身上都会发生改变，勇敢会取替懦弱，胆小鬼会变成勇士。从姚明的童年故事来看，我们难以想象得到：曾比人矮的他曾害羞怕事的他现今却能叱咤NBA的球坛，为

国人争光。脱胎换骨，足以形容姚明这小巨人的改变。所以，凡事不要太早"判刑"，只要你勇于争取、锻炼，你的潜力一样是那么惊人。相信自己，不要为暂时停留在自己身上的瑕疵难过、自卑。童年时，我也曾经为自己的胆小感到生气，幸亏没有在那漩涡中懊悔太久。因我自信能不断完善自己。而事实证明，我也能做到了。

　　只要我自信就能充分发挥潜力，那么必定会成为另一个"小巨人"。姚明哥哥能行，我也能行。

赏析/陈淑敏